Como passar de **devedor para investidor**
um guia de finanças pessoais

Dados Internacionais de Catalogação na Publicação (CIP)
(Câmara Brasileira do Livro, SP, Brasil)

Sousa, Fabio
   Como passar de devedor para investidor / Fabio Sousa, Samy Dana. – São Paulo : Cengage Learning, 2015.

   3. reimpr. da 1. ed. de 2012.
   Bibliografia.
   ISBN 978-85-221-1257-9

   1. Dinheiro – Administração 2. Finanças pessoais 3. Finanças pessoais – Guias 4. Finanças pessoais – Planejamento I. Dana, Samy. II. Título.

12-06114   CDD-332.024

Índice para catálogo sistemático:

1. Finanças pessoais : Economia financeira 332.024

Como passar de **devedor para investidor**
um guia de finanças pessoais

Fabio Sousa
Samy Dana

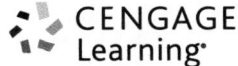

Austrália • Brasil • Japão • Coreia • México • Cingapura • Espanha • Reino Unido • Estados Unidos

Como passar de devedor para investidor – um guia de finanças pessoais

Fabio Sousa e Samy Dana

Gerente editorial: Patricia La Rosa

Supervisora editorial: Noelma Brocanelli

Supervisora de produção gráfica: Fabiana Alencar Albuquerque

Editora de desenvolvimento: Gisela Carnicelli

Copidesque: Ricardo Franzin

Revisão: Andrea Vidal e Maria Dolores S. Mata

Composição e capa: SGuerra Design

Crédito das imagens da capa: José Carlos Pires Pereira/ Photos.com e iStockphoto

© 2013 Cengage Learning Ltda.

Todos os direitos reservados. Nenhuma parte deste livro poderá ser reproduzida, sejam quais forem os meios empregados, sem a permissão, por escrito, da Editora.
Aos infratores aplicam-se as sanções previstas nos artigos 102, 104, 106 e 107 da Lei nº 9.610, de 19 de fevereiro de 1998.

Esta editora empenhou-se em contatar os responsáveis pelos direitos autorais de todas as imagens e de outros materiais utilizados neste livro. Se porventura for constatada a omissão involuntária na identificação de algum deles, dispomo-nos a efetuar, futuramente, os possíveis acertos.

A Editora não se responsabiliza pelo funcionamento dos links contidos neste livro que possam estar suspensos.

Para informações sobre nossos produtos, entre em contato pelo telefone **0800 11 19 39**

Para permissão de uso de material desta obra, envie seu pedido para **direitosautorais@cengage.com**

© 2013 Cengage Learning. Todos os direitos reservados.

ISBN-13: 978-85-221-1257-9
ISBN-10: 85-221-1257-6

Cengage Learning
Condomínio E-Business Park
Rua Werner Siemens, 111 — Prédio 11 — Torre A —
Conjunto 12 – Lapa de Baixo —
CEP 05069-900 — São Paulo-SP
Tel.: (11) 3665-9900 — Fax: (11) 3665-9901
SAC: 0800 11 19 39

Para suas soluções de curso e aprendizado, visite
www.cengage.com.br

Impresso no Brasil.
Printed in Brazil.
1 2 3 4 15 14 13 12

Agradecimentos

É difícil fazer os agradecimentos sem esquecer alguém que, de alguma forma, tenha me ajudado. Sendo assim, desculpo-me antecipadamente caso isso ocorra.

Como não começar por minha esposa (Monica) e filhos (Flavio, Thomas e Norma), que sempre me apoiaram com seu carinho e paciência pelas horas de distância, não de ausência, com viagens nacionais e internacionais durante anos a fio? Minha mãe, Norma, e meus irmãos, Martha, Moacyr e Edmilson, sempre próximos e dispostos a me confortar. Meus cunhados, Mario e Hellen, e meus sobrinhos, Luis, Lucca, Brunna e Bianca, completam essa família tão unida e que sempre me deu base para tudo na vida. Não posso esquecer de agradecer especialmente ao meu falecido pai, que me ensinou a base para este livro. A outros membros da minha família, obrigado também.

Tive vários amigos na vida e sempre tentei preservar as amizades por longos anos. Desde a escola, passando pela faculdade, MBAs, vizinhos, colegas de academia e das empresas em que trabalhei ou clientes que tive ou tenho. Não seria justo citar somente alguns, mas os que tiverem oportunidade de ler este livro saberão que não esqueci de mencioná-los. Muitos desses auxiliei com dicas financeiras, mesmo que informalmente. Mas eles também me ajudaram ao ouvir minhas sugestões e depois relatar os sucessos obtidos. Seu companheirismo também contribuiu para fortalecer os meus princípios.

Como esquecer de agradecer ao coautor deste livro, Samy Dana, pela paciência que teve ao discutir vários pontos da obra como orientador do meu Trabalho de Conclusão de Curso do MBA de Finanças Corporativas na Fundação Getúlio Vargas de São Paulo? Seu pleno conhecimento em finanças contribuiu de forma ímpar para a conclusão deste trabalho.

Por fim, agradeço a Deus pela lucidez que sempre tive na vida para cuidar de mim mesmo, em todos os aspectos, e dos meus entes queridos.

Fabio Sousa

Sobre os autores

Fabio Sousa

Possui 23 anos de experiência em empresas multinacionais instaladas no Brasil. Desde 2001 trabalha para a Purolite Company e, atualmente, administra duas filiais (Brasil e México) além de ser diretor regional para a América Latina. Também é sócio-diretor da FTN (www.ftnconsultoria.com.br), empresa focada em consultoria de finanças pessoais e consultoria empresarial.

Engenheiro químico pela Mauá com executive MBA pela Business School São Paulo e MBA de Finanças Corporativas pela Fundação Getúlio Vargas.

Samy Dana

Possui graduação e mestrado em Economia, doutorado em Administração pela EAESP e Ph.D in Bussiness Administration.

Atualmente, é professor de carreira na Escola de Economia de São Paulo da Fundacão Getulio Vargas. Associate Dean, International Affairs da EESP.

Possui experiência na área de finanças, criatividade e administração. Consultor de empresas e órgãos governamentais. Publicou e apresentou inúmeros trabalhos acadêmicos nos principais congressos e periódicos acadêmicos. Possui um blog na Folha UOL com atualização frequente.

Sumário

Agradecimentos	v
Sobre os autores	vii
Capítulo 1: Um problema bastante comum	1
Capítulo 2: Entenda melhor os seus rendimentos	5
Capítulo 3: Como administrar os gastos principais	11
Capítulo 4: Identifique os "pequenos" gastos	19
Capítulo 5: Organize suas finanças	25
Capítulo 6: Controle melhor a sua vida	37
Capítulo 7: Comece a investir	51
Capítulo 8: A importância de diversificar os investimentos	59
Capítulo 9: Administre a sua vida financeira	63
Capítulo 10: Cálculo de índices financeiros pessoais	69
Apêndice: Passo a passo para aplicação no Tesouro Direto	77
Referências bibliográficas	86

Capítulo 1

Um problema bastante comum

(da motivação de um dos autores – Fabio Sousa)

Embora meu pai tenha morrido quando eu tinha apenas 16 anos, muitas vezes me lembro de estar ao seu lado observando-o fazer contas. Certa vez, perguntei:

– Por que o senhor está sempre preocupado fazendo contas?

Ele me disse:

– Não estou preocupado. Porém, é importante sabermos controlar os gastos.

E acrescentou:

– Filho, uma coisa lhe digo: nunca gaste mais do que você ganha!

Essa frase simples me orientou por toda a vida e é a base deste livro. Parece algo extremamente lógico, mas é bem comum encontrar pessoas que gastam mais do que ganham. E o pior é que muitas não se dão conta disso.

O problema bem comum

Será que você, que está lendo este livro, não está no *hall* das pessoas devedoras? Devedor não porque paga um financiamento de imóvel ou o *leasing* de um carro, mas sim por não ter controle de seus gastos e acabar no cheque especial ou com problemas com o cartão de crédito?

Será que, ao somar mentalmente todos os seus recebimentos e gastos mensais, sobraria mais do que realmente sobra (se é que sobra algo!)? Por que, então, você não aplica (ou aplica mais) todos os meses? Muitos clientes da nossa consultoria não entendiam, no começo, por que isso acontecia com eles. A resposta é bem simples: falta de controle nos gastos.

Não que você não deva matar as suas vontades ou atender às suas necessidades, mas, ao fazê-lo, deveria observar se esse mês é o melhor momento. Deve-se, então, aprender a identificar o momento certo.

Com juros altos como temos, o fato de gastar mais do que se ganha, seja com o cartão de crédito utilizado erroneamente, seja com o cheque especial, pode virar um grande problema.

É possível ser um grande usuário de cartão de crédito e ganhar muito com isso (pontos convertidos em milhagens, espetáculos, jantares etc.). O segredo está em como utilizá-lo. Você leva um susto todo mês quando chega a fatura do cartão?

Quando chega o final do mês, você saberia dizer para onde foi todo o dinheiro que ganhou? Ou estão faltando gastos que foram esquecidos? O grande segredo está no controle dos gastos considerados *pequenos*. Onde está o que falta?

No começo do mês você achava que poderia aplicar 20% dos ganhos, mas aplicou somente 10% ou nada? Ou até pior: ficou com saldo negativo no banco? O que aconteceu?

Se você já se fez alguma das perguntas deste capítulo, tem um problema muito comum: gasta mal o que ganha e nem sabe com o que gastou! Os próximos capítulos vão ajudá-lo a sair desse problema. Tenho certeza de que, ao seguir as nossas orientações, você passará de devedor a investidor em muito pouco tempo.

Este livro foi desenvolvido sob o conceito da contabilidade pessoal: anotar todos os gastos (não deixar de anotar nada) quando eles acontecem (*accrual basis*). Esse conceito é um pouco diferente do conceito de caixa, com o qual controlam--se as saídas de dinheiro. Por meio de pesquisas e do uso desse método em clientes de consultoria pessoal, percebe-se que há maior aperto inicial quando ele é utilizado, porém a melhor organização pessoal acontece mais rapidamente.

Nesse conceito, o gasto realizado em determinada semana ou mês deve ser anotado imediatamente, independentemente do meio de pagamento utilizado. Os meios de pagamento podem ser: dinheiro, cartão de crédito, cartão de débito, cheque (pré-datado ou não), boleto bancário, DOC, TED etc. Com base nessas anotações, é possível viver de acordo com o que se tem disponível pela planilha, e não pelo saldo atual da conta-corrente.

Então, vamos começar.

Capítulo 2

Entenda melhor os seus rendimentos

Sabemos que o valor nominal (ou bruto) do nosso salário não é realmente o que recebemos. São descontados imposto de renda, contribuição social (INSS), parte dos benefícios etc. Não devemos cair na armadilha de gastar o equivalente ao valor nominal do nosso salário; devemos gastar menos do que o seu valor líquido (calculado após todos os descontos).

A seguir, encontramos a tabela de cálculo atual do IR e do INSS para referência.

Tabela do IRPF – Vigente a partir de 1º de janeiro de 2012

Base de cálculo (R$)	Alíquota (%)	Parcela a deduzir do IR (R$)
Até 1.637,11	–	–
De 1.637,12 até 2.453,50	7,5	122,78
De 2.453,51 até 3.271,38	15	306,80
De 3.271,39 até 4.087,65	22,5	552,15
Acima de 4.087,66	27,5	756,53

Dedução por dependente: R$ 164,56

Tabela de contribuição dos segurados: empregado, empregado doméstico e trabalhador avulso, para pagamento de remuneração a partir de 1º de janeiro de 2012

Salário de contribuição (R$)	Alíquota para fins de recolhimento ao INSS (%)
Até 1.174,86	8
De 1.174,87 até 1.958,10	9
De 1.958,11 até 3.916,20	11

Fonte: http://www.receita.fazenda.gov.br/

Com relação aos descontos de parte dos benefícios, a maioria varia de empresa para empresa. O vale-transporte (custo do deslocamento de ida e volta do trabalho), quando aceito pelo funcionário, equivale a um desconto de até 6% de seu salário (Decreto nº 95.247, de 17 de novembro de 1987). Acima dos 6%, a empresa arca com o custo. Sendo assim, recomenda-se não escolher tal desconto se o seu custo for inferior a 6% de seu salário.

Outros benefícios, como o plano de saúde, também devem ser pesquisados. Em casos em que tanto o marido como a esposa trabalham e ambos possuem tais benefícios, compare as vantagens e o custo de ambos. Escolha o que for mais vantajoso em vez de optar pelo desconto dos dois.

No caso de ter o seu próprio negócio, considere o valor líquido do pró-labore. Mesmo que os impostos sejam devidos em meses futuros, não é recomendado gastar esse dinheiro. Ao fazê-lo, você pode ter dificuldade para pagar os seus impostos posteriormente. Vale lembrar que é possível receber boa parte do dinheiro do seu próprio negócio por distribuição de lucros e, nesse caso, o imposto de renda é pago somente na pessoa jurídica (ou empresa). Mas lembre-se de considerar como lucro a ser distribuído o montante já descontado dos impostos, esteja sua empresa no regime de lucro presumido ou real. Fale com seu contador a respeito. Não importa que os impostos serão pagos somente dali a 3 meses. Tente se disciplinar e não usar esse dinheiro. O ideal é administrar separadamente as contas-correntes da pessoa física e da jurídica. Somente passe o valor líquido para a conta-corrente da pessoa física.

Outra consideração importante é a data de recebimento do salário. Programe-se para não utilizar o cheque especial, a não ser que tenha conta em bancos que não cobrem juros por pequenos períodos (cuidado com o Imposto sobre Operações Financeiras, o IOF!). Não gaste antes de receber. Se receber no quinto dia útil do mês subsequente ou no último dia do mês trabalhado, e receber parte do salário como um "vale" ou adiantamento no meio do mês, os gastos devem ser programados de acordo com essas datas. Não que se deva pagar todas as contas com atraso (os juros são altíssimos, maiores do que se pode obter em qualquer aplicação de renda fixa), mas devemos nos programar para utilizar o dinheiro que já recebemos. Sendo assim, recebendo o salário no quinto dia útil, o correto é pagar as contas que vencem nos primeiros quatro dias do mês com o salário do mês anterior. Gastar contando com o dinheiro ainda não recebido pode ser uma grande armadilha.

No caso de pessoas casadas ou que vivem com o(a) parceiro(a), pode-se considerar a entrada salarial de ambos no mesmo planejamento, ou dividir os gastos proporcionalmente em planejamentos separados. Somos adeptos do "unidos venceremos", portanto, é comum optar-se pelo planejamento de casais de modo conjunto. Casais organizados normalmente enriquecem mais facilmente do que pessoas sozinhas. Ter sonhos comuns ajuda não só na parte financeira, mas também na longevidade da relação. O título de um dos livros de Cerbasi (2004), *Casais inteligentes enriquecem juntos*, é oportuno, e tal livro pode ser uma boa bibliografia sobre o assunto.

Ganho pouco ou gasto muito? Deve-se lutar sempre por melhores condições, mas, normalmente, o problema está em quanto se gasta e como se gasta. Conhecemos pessoas que tiveram bons aumentos ou mudaram de emprego de modo a melhorar seus rendimentos, porém, em alguns meses, já estavam em dificuldades novamente, quando deveriam ter aplicado quase toda a diferença. Lute por condições melhores, mas não melhore seu padrão de vida (aumentando gastos) proporcionalmente à melhoria nos ganhos. O leitor já deve ter ouvido falar de ganhadores da loteria que ficaram pobres após alguns anos. Será que ganharam pouco dinheiro ou não souberam gastá-lo? Certa vez, o grande pintor Pablo Picasso disse: "Adoraria viver como uma pessoa pobre, mas com muito dinheiro".

O que fazer com o variável? Caso receba um bônus ou algum tipo de premiação monetária não periódica, aconselhamos que pague suas dívidas, que geram altos juros, e tente aplicar boa parte para emergências futuras. Essa é a hora também de realizar alguns sonhos, mas tente pagá-los a vista ou fazer bons financiamentos.

O grande problema para todos os consultores financeiros é encontrar a forma ideal para administrar os ganhos de quem recebe comissões mensalmente. É possível adaptar os gastos ao topo de recebimentos, mas isso pode acarretar problemas em períodos de vacas magras. Caso se resolva fazer o contrário, ou seja, adequar os gastos ao menor valor ganho nos últimos meses, pode-se aumentar muito a retaguarda financeira, mas deixar de viver o presente. Trabalhar com a média dos últimos 12 meses? Essa pode ser a solução mais próxima da ideal, mas seria melhor combiná-la com uma expectativa de ganhos futuros para determinar o valor mais adequado dos seus gastos. Um exemplo:

* calculando-se o valor médio recebido nos últimos 12 meses (rendimentos fixos e variáveis, ambos líquidos), chegando ao valor de R$ 5.000,00;
* ao estimar de modo realista os próximos 6 meses, chega-se ao valor médio de R$ 6.000,00;
* caso existam sonhos ou necessidades pressionando as despesas e não seja possível ser conservador e manter os gastos na média passada, então sugere-se tentar R$ 5.500,00;
* ajuste esse cálculo mensalmente, repetindo-o e corrigindo o valor esperado para os próximos meses. Sem esquecer de considerar a sazonalidade (variações mensais normais dependendo da época do ano) do seu negócio;
* como os ganhos são variáveis, a diferença deve ser aplicada para cobrir emergências ou meses de menor ganho (abaixo da média).

Existe a possibilidade de viver de rendimentos de aplicações financeiras ou aluguéis. É sempre recomendável não gastar todo o rendimento, lembrando que parte dele trata-se de recuperação de perdas com a inflação (atualização monetária). Também é necessário deduzir os impostos a serem pagos (principalmente o imposto de renda).

Para quem recebe mesada dos pais, é muito jovem, ou recebe dinheiro eventualmente por realizar pequenos "bicos", é importante anotar o que ganha e o valor gasto. A planilha pode ser mais simples, mas não deixe de fazê-la. Pensar que se possui um valor para determinada compra mas, ao contar o dinheiro, perceber que alguns gastos pequenos e não controlados consumiram grande parte do montante não é uma surpresa agradável. É recomendável ensinar os filhos, desde muito pequenos, a realizar um controle dos valores recebidos e também a entender que eles podem esperar e economizar para comprar algo de maior desejo no futuro, deixando o que é menos importante de lado por um tempo. É bom começar cedo com uma boa educação financeira. Isso os ajudará muito na vida adulta.

Segue uma sugestão de planilha para acompanhar os ganhos. Há uma coluna de previsão, pois sugerimos que se faça uma estimativa antes do início de cada mês. Após o início do mês, deve-se anotar semanalmente os valores recebidos e depois comparar o total com o previsto. É importante anotar o dia exato em que o dinheiro efetivamente é recebido. Anotando na coluna correta, posteriormente você entenderá se naquela semana seria ideal planejar alguns gastos variáveis ou se deveria esperar um pouco mais.

		Realizado					
	Previsto	de 1 a 8	de 9 a 16	de 17 a 24	de 25 a 31	Total	Falta
1. Entradas							
1.1. Dele							
1.1.1. Salário / Pró-labore							
1.1.2. 13º salário / Férias							
1.1.3. Comissões							
1.1.4. Ajuda de custo / Extras							
1.1.5. Resgate de aplicação							
1.2. Dela							
1.2.1. Salário / Pró-labore							
1.2.2. 13º salário / Férias							
1.2.3. Comissões							
1.2.4. Ajuda de custo / Extras							
1.2.5. Resgate de aplicação							
Total de entradas							

Capítulo 3

Como administrar os gastos principais

Os gastos principais representam normalmente mais de 50% dos rendimentos. Algumas vezes, passam de 80%!

É fácil identificá-los e, muitas vezes, não se pode abdicar deles. De qualquer maneira, é possível analisá-los e buscar melhorá-los. São gastos que acontecem todos os meses, mas alguns são pagos anualmente.

Algumas dessas despesas são: financiamento de imóvel ou aluguel, condomínio, *leasing* ou financiamento do carro, assistência médica, contas de luz e água, telefone, escola etc.

Veículo

Financiar um veículo é recomendável? Isso vai depender da situação. Se, por exemplo, um carro será utilizado a trabalho ou no exercício de atividades remuneradas, deve-se comparar a expectativa realista de ganho com o valor mensal da prestação. Ao valor da prestação devem-se adicionar os gastos de manutenção, combustível, seguro e impostos. Se a expectativa de ganho, mesmo assim, for maior, então vale a pena. Não se esqueça, porém, de analisar se os juros do financiamento ou *leasing* são abusivos. No caso de empresas de lucro real, pode ser mais vantajoso o *leasing*, já que este pode ser abatido do seu lucro no cálculo do imposto de renda devido.

Se o carro será usado somente para locomoção diária ou para o lazer e não for possível aguardar até que se reúna o montante necessário para sua aquisição, siga as regras indicadas anteriormente (verificar o nível de juros e se a prestação cabe em seu orçamento). Se for o primeiro veículo, compensa adquirir um modelo mais simples e barato, para depois investir em um modelo um pouco mais sofisticado, financiando somente a diferença. Sem se esquecer de guardar dinheiro para utilizar na manutenção futura do veículo, no pagamento do IPVA, do seguro e demais despesas.

O seguro é a garantia de preservação do valor investido. Embora existam cálculos mostrando que, após vários anos pagando seguro, você poderia ter comprado outro carro, sempre mostramos aos nossos clientes a vantagem de receber o valor do carro ou algo próximo disso se o veículo for roubado ou envolver-se em um acidente com perda total. O carro não segurado pode ocasionar perdas monetárias importantes, e muitas vezes levam-se anos para compensá-las.

Também vale a pena considerar se é realmente necessário comprar um veículo. Será que, morando em uma grande cidade, podemos viver sem um? Sugiro a leitura de *How to live well without owning a car*, de Chris Balish, que mostra as várias vantagens de não ter um carro. Não sei se todas elas podem ser aplicadas às cidades brasileiras, pois o livro foi escrito por um autor norte-americano, mas podemos citar algumas:

* ★ você pode se exercitar indo de bicicleta ao local de trabalho;
* ★ caminhar (outro exercício físico) até o ponto de ônibus ou metrô. Trabalhando perto de casa, por que não fazer desta a sua caminhada diária?;
* ★ grande economia do dinheiro que seria gasto com seguro, impostos e estacionamentos;
* ★ o dinheiro aplicado no banco valoriza, enquanto um veículo perde valor ano após ano (depreciação).

Em entrevista dada por um de nós (Samy Dana) ao jornal *Folha de S. Paulo*,[1] ele comparou os custos anuais entre manter um carro e andar de táxi.

---

[1] Capa do Caderno Cotidiano do dia 15.5.2011. Matéria escrita por Felipe Nóbrega.

Os cálculos mostram quando é vantajoso vender o carro e ir (ou ligar) para o ponto de táxi. Para quem roda até 15 quilômetros por dia entre ida e volta (do trabalho, por exemplo), o táxi sai 1% mais barato do que manter um veículo de R$ 40 mil (preço médio dos carros novos vendidos no país).

Quando a comparação é feita com um modelo popular, de R$ 25 mil e motor 1.0, que é mais econômico, o táxi só compensa para quem roda até 10 quilômetros por dia.

Por fim, se você realmente for comprar um carro, pode escolher entre um usado e um novo. A vantagem do novo é que há menor gasto de manutenção, porém a depreciação é mais acentuada nos primeiros anos de vida do veículo. Se tiver um amigo mecânico, leve-o junto na compra do carro usado. Assim, diminui a sua chance de incorrer em gastos de manutenção altos e inesperados.

Estudos

Outro gasto que pode ser considerado principal é realizado com estudos próprios ou dos filhos. Ao custo da mensalidade escolar devem-se adicionar o material didático, o uniforme escolar, a alimentação e o transporte. Como esse gasto é um investimento pessoal importante, recomenda-se sempre considerá-lo prioritário, mas sem deixar de pensar no que pode ser economizado. Esclarecemos:
- ★ estudar em boas escolas, mas não necessariamente nas mais caras. Nem sempre o bom nome (que justificaria altas mensalidades) é acompanhado de um bom ensino. Investigue;
- ★ priorizar as escolas mais próximas da residência ou do trabalho pode diminuir consideravelmente as despesas com transporte;
- ★ por que não levar algo de casa para o lanche? A economia pode ser muito grande e é possível escolher opções mais saudáveis;
- ★ na hora de comprar material escolar, evite os de alto valor agregado e modismos, como personagens ou marcas famosas. A procura de material em lojas de atacado, principalmente para quem tem mais de um filho, também pode trazer boa economia;
- ★ cursos extras (idiomas, esportes etc.) no mesmo local devem ser evitados se os valores forem abusivos. No entanto, há a vantagem de economia com o transporte. Faça as contas;

* dedique-se ao máximo e incentive os seus filhos não somente pelo valor futuro que se obterá com esse investimento, mas também pelo fato de que estão abdicando de muitas coisas no presente para custeá-lo. Repetir de ano (ou de semestre) é uma perda dupla!;
* se você recebe bonificações anuais que são pagas no início do ano (e que são uma parte importante de sua remuneração anual), por que não tentar negociar com a escola, pagando um semestre ou até o valor anual à vista com desconto?;
* se você tem mais de um filho, considere matriculá-los na mesma escola. Você economiza no transporte e consegue descontos para o segundo filho. Além do desconto padrão, você pode tentar negociar com a escola um desconto adicional, que pode ser até mais fácil de obter se tiver mais de dois filhos e pagar as suas mensalidades em dia.

Alimentação

A alimentação é considerada um gasto principal, mas também a exploraremos no próximo capítulo, já que pequenos gastos descontrolados nesse item podem ser um dos grandes vilões do orçamento. Aqui, há grande margem de manobra.

Em entrevista dada por Samy Dana ao jornal O *Estado de S.Paulo*,[2] ele disse: "Almoço de R$ 20,00 de segunda-feira a sexta-feira: R$ 5,2 mil por ano. Jantar de R$ 60,00 duas vezes por semana: mais R$ 6,24 mil. Tem ainda o *happy hour* de R$ 30,00 uma vez por semana: outros R$ 1,56 mil. Se esses números forem parecidos com o que você desembolsa, R$ 13 mil dos seus ganhos são deixados em bares e restaurantes anualmente".

Comer fora de casa está caro, porém, nem sempre é mais vantajoso preparar a própria comida. Para tentar calcular a diferença, ele diz que é preciso saber, dos assalariados, qual o valor do salário por hora. Levando-se em conta que o salário por hora seja de R$ 20,00, se a pessoa gastar uma hora e meia para comer em casa, só aí já são R$ 30,00. E ainda é necessário comprar os alimentos, prepará-los, lavar a louça. Portanto, há mais gastos. Em média, estima-se

---

[2] Caderno de Economia e Negócios de 25.4.2011. Matéria escrita por Roberta Scrivano e Luiz Guilherme Gerbelli.

que quem mora sozinho tem uma economia de 20% no orçamento quando opta por comer fora de casa. No entanto, o gasto é diluído quando o almoço é preparado para uma família.

É interessante que as pessoas identifiquem seus hábitos de consumo. Se a escolha for um restaurante mais nobre, o custo de uma refeição será bem mais elevado, o que pode tornar a opção de comer fora de casa inviável financeiramente. Quando falamos em comer fora, temos de supor que não tratamos de um restaurante de luxo ou que tenha uma culinária requintada. Não adianta comparar produtos diferentes.

A recomendação principal é pesquisar na hora de comprar. A compra por impulso ou comodidade pode adicionar um montante importante ao crescimento de tal gasto. Se há consumo periódico de algo que pode ser encontrado a um preço mais baixo em algum lugar, por que não comprar um pouco mais (verificando se há espaço no orçamento do mês para isso)? Prefira alimentos não processados aos industrializados. Além de mais saudáveis, eles também são mais baratos.

Alimentos prontos devem ser comprados em situações de emergência e, normalmente, são mais baratos do que comer em restaurantes. Ao escolher restaurantes para o dia a dia no trabalho ou universidade, opte pelo que oferecer serviço "por quilo".

Consideramos lazer, e não alimentação, as saídas para jantar ou almoçar fora durante os fins de semana (às vezes, em restaurantes até muito mais caros do que os convencionais). É importante não se esquecer do lazer, portanto, isso requer prever uma parte das despesas para essa categoria. Vamos comentar um pouco mais adiante esse tipo de gasto.

Imóvel

Vamos explorar um pouco o aluguel do imóvel onde moramos. Não seria melhor comprar uma casa, mesmo que financiada? Como mencionamos, devemos buscar bons financiamentos. O financiamento de imóveis no Brasil é um exemplo disso. Os juros são de 10% ao ano ou até menos, contra mais de 80% de cheque especial ou cartão de crédito, e mais de 22% de crédito pessoal (situação em abril de 2012). Em comparação aos níveis internacionais, esse valor é alto, porém, relativamente aos outros tipos de financiamento é bem razoável. É verdade que o valor a ser pago pelo imóvel acaba sendo maior do que o valor a vista, pois os juros compostos estarão contra você.

Tomando como base um mesmo imóvel, muito provavelmente a parcela de um financiamento será maior que o valor do seu aluguel. Não obstante, muitos inquilinos não têm a disciplina necessária para pagar o aluguel e fazer uma poupança com a diferença do que pagariam por um financiamento. Para esses casos, o financiamento é mais vantajoso, uma vez que, no fim do período, a pessoa terá um imóvel como patrimônio.

Deve-se lembrar que, na terceira idade, muitos gastos aumentam (remédios, planos de saúde etc.) e, algumas vezes, os recebimentos diminuem. Não teria sido melhor comprar um imóvel quando mais jovem?

Outra possibilidade para economizar na compra do imóvel é adquiri-lo na planta, pois seu valor é mais baixo do que o de imóveis já prontos. Há, portanto, uma boa chance de valorização do imóvel e pode-se até ganhar dinheiro nessa operação. Não se esqueça de fazer uma boa pesquisa sobre os valores dos imóveis na região e também sobre a situação financeira da construtora. Há sites que ajudam a tirar certidões negativas de tributos e também informam se existem protestos contra a construtora. Na dúvida, fale com um advogado.

Para finalizar, a melhor opção de todas é fazer um planejamento de longo prazo e aplicar mensalmente um valor exato para que, em algum tempo, seja possível comprar um imóvel a vista e evitar pagar juros. Nesse caso, os juros compostos trabalhariam a seu favor, e não contra você. O difícil é ser disciplinado para tanto! Se não conseguir economizar o valor integral, você poderá pagar uma parcela razoável como entrada e financiar um valor menor, pagando menos juros assim.

Outros gastos importantes

Podemos citar o convênio médico e/ou odontológico como um gasto de grande valor. Pesquise antes de contratar esses serviços e pense a longo prazo. Estude bem o contrato e analise o item que define aumentos de mensalidades conforme o avançar da idade. Procure um plano que caiba em seu bolso e não onere demais o seu orçamento mensal.

Se você é do tipo que prefere recorrer a médicos previamente escolhidos, que muitas vezes não fazem parte de planos de saúde, prefira um seguro saúde ou um plano de livre escolha. Se tiver uma empresa ou pertencer a uma entidade de classe, pode ser mais econômico contratar o plano do grupo. O problema pode ser o reajuste autorizado anualmente ou o que pode ocorrer caso mude de emprego.

Mas se você é do tipo que vai a um consultório médico somente em último caso (embora recomendemos veementemente a medicina preventiva, que até mesmo economicamente é mais vantajosa), pode ser melhor pagar um plano econômico, que ofereça algum desconto apenas em caso de uso. Finalmente, se você é disciplinado, por que não aplicar mensalmente um montante para necessidades médicas?

E os gastos com telefonia? Você usa somente o celular e não tem telefone fixo em casa? Ou também tem o fixo, mas não o utiliza de maneira econômica? Normalmente, é mais barato ligar de celular para celular. Portanto, caso tenha uma linha telefônica fixa, mas precise telefonar para uma linha celular, use o aparelho celular. Hoje há planos pós-pagos que podem ser mais econômicos do que os pré-pagos. Tudo vai depender da frequência com que você paga pelo crédito: se o fizer mensalmente (ou quase), considere obter um plano pós-pago. Cuidado com os termos do contrato, principalmente com o valor mínimo mensal e o tempo de carência do plano. Embora muitos pacotes de créditos para linhas celulares aleguem não ter carência, eles presenteiam o usuário com um lindo celular em comodato, ou seja, se você interromper o contrato antes do prazo nele definido, deverá pagar uma multa à operadora de telefonia. Saiba o valor real do aparelho. Lembre-se da opção de utilizar SMS (mensagens de texto) para comunicações rápidas, uma vez que muitos planos têm pacotes de SMS incluídos. Há planos que incluem conexão à internet e permitem utilizar programas específicos de mensagens sem custo adicional. Se precisar fazer telefonemas interurbanos ou internacionais (DDD ou DDI), por que não tentar a comunicação de voz via computador (tecnologia Voip)? Existem programas (Skype, por exemplo) que possibilitam o contato entre usuários cadastrados sem custos. Isso pode proporcionar uma redução importante nas despesas com esse item.

Outro exemplo de gasto de grande valor é o salário de empregados domésticos ou diaristas. Caso necessite recorrer a esses profissionais eventuais com frequência, pode ser melhor contratar um empregado e ter o conforto diário de seus serviços. Somente recomenda-se que a legislação correta seja seguida, isto é, que o profissional seja registrado. A propósito, mesmo que você pague um diarista por dois dias semanais, o correto seria registrá-lo também.

Sobre o lazer, um bom planejamento de viagens pode torná-las prazerosas mesmo após o seu término. Por que não economizar parte de seus recebimentos para futuras viagens? Financiamentos caros e longos podem prejudicar outras viagens e até colocá-lo no cheque especial.

Se você costuma viajar rotineiramente para uma mesma localidade, uma opção é o aluguel de longo prazo e outra seria comprar um imóvel no local. Mas não caia na armadilha de investir em algo que acarrete em altos custos mensais. Pense muito antes da compra, pois a obrigação de ir ao imóvel comprado pode perder para novos compromissos sociais, tanto seus quanto de seus filhos. Nunca compre por impulso. Recomenda-se optar pelo aluguel de longo prazo para depois pensar em compra definitiva, a menos que você encontre um negócio realmente vantajoso e prefira se arriscar diretamente na compra.

Existem outras despesas de grande valor que facilmente vêm à cabeça quando perguntam com o que você gasta seu dinheiro mensalmente. A classificação por tipo de gasto será abordada em outro capítulo.

Em suma, alguns gastos citados neste capítulo (e outros gastos principais) são facilmente identificáveis e, então, podem ser controlados ou otimizados. Aproveite para estudá-los e adequá-los ao seu orçamento.

Capítulo 4

Identifique os "pequenos" gastos

Após anos de consultoria sobre finanças pessoais, percebemos que o problema mais comum é que as pessoas não sabem com o que gastam o dinheiro que ganham.

Mentalmente, ao somar todos os gastos principais (Capítulo 3), você chegará a um total inferior ao que foi gasto. O que aconteceu com o restante? Por que você não investiu toda essa diferença?

Na realidade, há gastos pequenos aos quais não damos muita importância no dia a dia. Porém, quando somados, representam valores significativos. São praticamente desconsiderados porque, isoladamente, representam pequenas frações de nossos recebimentos.

Sendo assim, é muito importante estabelecer uma boa rotina de monitoramento desses gastos para saber o quanto são importantes. No Capítulo 5 serão apresentadas planilhas de organização, mas como alimentá-las? Com que frequência?

A maneira mais simples que se conhece é guardar todos os comprovantes de gastos ou anotá-los diariamente. Após determinado período – semanalmente, por exemplo –, recomenda-se transferir as informações para a planilha. Se os gastos são em cheque, guarde o canhoto. Para gastos com cartões de crédito ou débito, guarde o comprovante. Para gastos em dinheiro, solicite nota fiscal ou recibo. Outra opção seria ter um pequeno bloco de papel para anotar as despesas ou criar pequenas planilhas e salvá-las no celular, por exemplo.

Enfim, é muito importante saber quando e quanto foi gasto, em que tipo de despesa e qual foi a forma de pagamento. Segue um exemplo abaixo:

Gastos individuais			
Data	Valor	Descrição	Forma de pagamento

Conforme apontamos no Capítulo 1, em nosso método de acompanhamento de gastos recomendamos marcar todos quando ocorrem. Não interessa se a forma de pagamento é dinheiro, cheque, cartão de débito ou de crédito. É importante identificá-la, pois tal controle será utilizado posteriormente.

Sobre o cartão de crédito, seu uso é um grande aliado para que nunca fiquemos com a conta-corrente negativa. Explicando melhor:

* você compra algo este mês, mas o pagamento da fatura de cartão de crédito acontecerá somente no próximo mês;
* como você registrará a despesa em seu controle, o valor disponível será menor;
* caso utilize o cartão de crédito frequentemente como forma de pagamento, não como muleta, o saldo de sua conta-corrente será maior do que no monitoramento;
* como você vai monitorar a planilha para não gastar mais do que ganha (saldo positivo), sua conta-corrente tem grandes chances de ficar positiva.

O uso do cartão de crédito também possibilita o acúmulo de pontos. Esses pontos podem ser convertidos em uma série de benefícios: passagens aéreas, diárias de hotéis, aluguéis de carro, jantares em restaurantes etc. Mas tenha cuidado com a anuidade (que pode ser negociada até a isenção, dependendo de como você usa o seu cartão e do seu relacionamento com o banco ou a administradora que o emitiu) e faça um bom controle dos valores gastos. Para não levar um susto com o valor total, recomenda-se que todos os comprovantes de gastos sejam guardados (mesmo depois de utilizados para lançamento na planilha) até serem identificados na fatura. Pode-se também criar uma planilha à parte para controlar os gastos com cartão de crédito.

O que é mais vantajoso, usar o cartão de débito ou o cartão de crédito? Pelos motivos apresentados, recomenda-se o uso do cartão de débito apenas quando o de crédito não for aceito ou se o estabelecimento comercial oferecer um desconto interessante para essa opção.

Da mesma maneira, devemos optar pelo cheque pré-datado ou pelo cartão de crédito? Muitos estabelecimentos comerciais costumam dar desconto em pagamentos com cheque pré-datado, pois evitam o pagamento das taxas às administradoras. Se for esse o caso, o cheque é uma boa opção. Certifique-se de que foi anotada a data de depósito do cheque no canto direito inferior da folha, além de cruzá-lo e preenchê-lo nominalmente. Faça um controle dos cheques emitidos e/ou guarde os canhotos até que sejam descontados.

Quanto à descrição da tabela da página anterior, procure estabelecer uma correspondência com os tipos de gastos contidos na tabela de monitoramento. Se tiver dúvidas a respeito de como fazer isso, anote os gastos detalhadamente e depois tente encaixar nos tipos existentes. Você também pode criar novas categorias se um gasto significativo estiver distorcendo a análise de uma categoria preexistente.

Sabemos que muitas pessoas costumam desprezar os centavos e as moedas, mas nesse sistema é muito importante anotar o valor exato. Posteriormente será feito um cálculo de reconciliação com a conta-corrente e, caso os valores não tenham sido lançados com exatidão, esses arredondamentos dificultarão a sua vida.

O processo parece um pouco maçante inicialmente, mas, quando perceber que ele ajuda a entender como e em que você está gastando o seu dinheiro, essa impressão desaparecerá. Após a identificação de todos os gastos, podemos começar a estudar otimizações.

Se você costuma tomar um café com leite e comer um pão com manteiga na chapa todas as manhãs, pode gastar mais de R$ 100,00 por mês só com isso! Não estamos sugerindo que você deve abrir mão do hábito, mas é importante saber que aquele pequeno valor diário se transforma em algo significativo no final do mês. E se pensarmos em termos anuais? Certamente chegaremos a um valor final surpreendente. Abordaremos o assunto das compras a prazo posteriormente, mas adiantamos um dos grandes problemas que a envolvem: muitas pessoas se decidem pela compra calculando se o valor da prestação cabe no seu orçamento. Com isso, além de pagarem mais pelo que estão comprando, muitas vezes não se lembram de que já têm outros compromissos assumidos. A soma dessas situações pode provocar um rombo inesperado no orçamento e, então, as pessoas recorrem ao cheque especial, ao mau uso do cartão de crédito ou até mesmo ao atraso de pagamento das prestações. No final, aquele gasto mensal supostamente pequeno acaba se tornando uma grande dor de cabeça.

Há outros gastos que não notamos, porque não causam grandes impactos e são incorridos lentamente. Podemos citar, entre outros: lanche escolar, estacionamento, papelaria, jornais e revistas, gorjetas, pequenos presentes etc.

É importante entender como e em que se gasta, pois assim você poderá estudar como e em que economizar para começar a investir. Esse é o começo de tudo.

Pagando suas contas em dia

Para evitar multas e juros causados por atraso de pagamentos, recomenda-se que as contas sejam colocadas em débito automático, sempre que possível. De qualquer maneira, não deixe de checar o extrato antes do débito e acionar o banco se houver algum erro relacionado ao pagamento.

O problema é que nem todas as contas podem ser colocadas em débito automático. O que fazer, então? Sugere-se o seguinte método:
* faça uma lista de todas as contas que você terá de pagar no mês que começa. Organize-as por data de vencimento;
* inclua uma coluna para anotar a data de recebimento da conta e outra para marcar a data do agendamento do pagamento ou do pagamento em si;

* se não receber a conta até alguns dias antes do vencimento, veja se é possível obter uma segunda via pela internet ou peça-a ao estabelecimento credor. A obrigação é sua!;
* prefira agendar o pagamento assim que receber a conta, mas para a data do vencimento. Essa opção está disponível em todos os sites dos bancos comerciais brasileiros;
* por fim, cuidado com a sua senha do banco. Remova *cookies* regularmente do seu computador e tenha cuidado ao abrir e-mails estranhos. Além do uso de um bom antivírus, recomenda-se o uso de algum *antispyware*.

Arcar com multas e juros decorrentes do pagamento de contas com atraso é uma pequena despesa que pode se tornar grande muito rapidamente. Organize-se.

Capítulo 5

Organize suas finanças

Muitos dos gastos ditos grandes são despesas fixas, ou seja, não se pode mudar o seu valor e seu pagamento é periódico (a maioria é mensal, mas há alguns anuais). Já listamos algumas dicas para reduzi-los, pois ter custos fixos elevados é um grande problema em época de dificuldades. Mas existem gastos menores que também podem ser considerados fixos. O importante é entender que, embora eles não possam ser reduzidos, podem ser substituídos. Não se acomode nesse ponto. Sempre busque melhorar o seu padrão de gastos.

Há outros gastos que podem ter seu valor reduzido, mas não zerados. São as chamadas despesas semifixas. Entre as mais comuns estão as contas de telefone e luz.

Por fim, existem as despesas variáveis. Embora esse não seja o desejo de ninguém, elas podem ser zeradas ou sofrer grandes variações mensais. Estão nesse grupo as despesas com diversão e lazer, principalmente. Em dificuldade, são as primeiras que cortamos.

Na administração moderna sempre busca-se diminuir o impacto dos gastos fixos. É uma providência importante para encarar, por exemplo, os efeitos da sazonalidade (épocas de baixas vendas ou lucros). Na vida pessoal, se houver uma emergência (perda de emprego, por exemplo), os gastos fixos corresponderão basicamente ao valor mínimo mensal que você terá com as suas despesas mesmo que sejam cortadas ao máximo. Há algumas opções de conversão de gastos fixos em variáveis e elas podem ser exploradas. Um exemplo é a conversão da conta de telefone pós-paga para pré-paga se você utiliza pouco o telefone.

Segue um exemplo de classificação de despesas por tipo:

2.1. Despesas Fixas
2.1.1. Financiamento de Imóvel / Aluguel
2.1.2. Condomínio
2.1.3. IPTU
2.1.4. Empregados
2.1.5. Internet / TV a cabo
2.1.6. Consórcio / *Leasing* / Financiamento de carro
2.1.7. Seguro / IPVA / Licenciamento
2.1.8. Convênio Médico / Dentário
2.1.9. Faculdade / Colégio / Cursos
2.1.10. Clube / Academia
2.1.11. Outros

2.2. Despesas Semifixas
2.2.1. Mercado
2.2.2. Água
2.2.3. Luz
2.2.4. Telefone (fixo e celular)
2.2.5. Combustível
2.2.6. Manutenção da casa
2.2.7. Manutenção do carro
2.2.8. Metrô / Ônibus / Táxi
2.2.9. Estacionamento
2.2.10. Material escolar
2.2.11. Livros / Revistas
2.2.12. Despesas de escritório
2.2.13. Farmácia

2.2.14. Cabeleireiro / Manicure
2.2.15. Mesada dos filhos
2.2.16. Outros
2.3. Despesas Variáveis
2.3.1. Roupas
2.3.2. Restaurantes
2.3.3. Cinema / Teatro
2.3.4. Viagens
2.3.5. Festas
2.3.6. Presentes
2.3.7. Médicos / Dentista / Psicólogo
2.3.8. Outros
Total de Saídas

Você pode utilizar essa tabela como base para a criação de um modelo que se encaixe às suas necessidades, mas o importante é entender o conceito por trás de cada classificação de despesas para poder organizá-las corretamente.

Os gastos com medicamentos (farmácia) são variáveis ou semifixos? Não se pode deixar de comprar remédios (ou vitaminas), mas é possível pesquisar e gastar menos com isso. Então, essa despesa deve ser considerada semifixa. Mas se você não toma remédios ou vitaminas frequentemente, ela deve ser considerada despesa variável. Se você tem que tomar um remédio mensalmente, será que não seria melhor comprar embalagens maiores, que normalmente acarretam em algum desconto? Na média do ano esse gasto seria reduzido, mas não esqueça de verificar a sua validade.

Em um mês de grande aperto monetário é possível deixar de comprar roupas, portanto, esse é um gasto variável.

O gasto com o condomínio do apartamento não pode ser reduzido ou zerado. Sendo seu valor fixo e mensal, deve-se considerá-lo despesa fixa.

Recomenda-se que você crie uma tabela que comece com os seus recebimentos (Capítulo 2). Após lançar o total de recebimentos, você deve colocar os seus gastos divididos entre as categorias citadas no início deste capíltulo. Logo após, inclua uma linha de saldo, que será a diferença entre o que você recebeu e o que gastou, para depois pensar nos investimentos.

Embora os investimentos estejam no final da planilha, recomendamos que, após fazer o planejamento do mês seguinte, você faça os investimentos possíveis logo no início do mês. Isso é o que se entende pela célebre frase "Pague a si mesmo primeiro".[3]

Para que os cálculos sejam feitos de forma automática, monte a planilha eletronicamente em um programa do tipo Microsoft Excel. Conforme dito no Capítulo 2, sugerimos a criação de colunas para estimativa de gastos (previsto), gastos semana a semana, total gasto e saldo (falta).

A coluna de estimativa de gastos deve ser preenchida antes do início do mês. Verifique o que aconteceu nos meses anteriores e faça uma estimativa realista para os recebimentos e gastos do próximo mês.

É importante, e normalmente acontece assim no começo da utilização desse método, que a soma dos recebimentos seja maior do que a soma dos gastos. Se de fato for maior, deve-se começar imediatamente a alterar as expectativas de gastos, antes mesmo de o mês começar.

Anote semanalmente todos os gastos e recebimentos na linha e na coluna correspondentes. Anote o salário no dia em que ele entrou na sua conta-corrente. Anote o pagamento do financiamento no dia do seu vencimento, assim como o de outras despesas. Procure sempre pagar as suas contas no vencimento, pois os juros cobrados por eventuais atrasos são elevadíssimos e normalmente não podem ser obtidos em aplicações financeiras. Se preciso, adie investimentos ou resgate uma parte das suas aplicações. Às vezes, é melhor recorrer a empréstimos bancários pessoais para não pagar os juros altos decorrentes do atraso de pagamento. Porém, antes de contratá-los, verifique as condições e os juros cobrados.

É importante que você se discipline a aplicar o método semanalmente para que possa acompanhar a sua situação mensal antes de o mês acabar. Há sempre alguns desvios de rota que podem ser consertados antes do fim do mês.

Ao anotar os gastos da semana, compare os valores com os que você havia previsto para o mês e quanto ainda falta gastar (ou ganhar) naquela determinada linha. Isso é um bom princípio de educação financeira, pois você perceberá quanto deverá gastar (ou ganhar) até o final do mês. Se após fazer

---

[3] KIYOSAKI, Robert T.; LECHTER, Sharon L. *Pai rico, pai pobre*. São Paulo: Campus, 2000.

essa análise você perceber, por exemplo, que já está próximo do valor previsto, mas o mês ainda não acabou, considere esperar o mês seguinte para fazer as compras pendentes.

A coluna de totais soma os gastos de cada semana e dá a real situação de cada tipo de gasto ou recebimento. A última coluna, chamada "falta", é a diferença entre o que foi previsto e o que foi realmente gasto. Se estiver negativa, gastou-se (ou ganhou-se) mais do que o previsto.

Segue a nossa sugestão de planilha:

Orçamento mensal

		Realizado					
	Previsto	de 1 a 8	de 9 a 16	de 17 a 24	de 25 a 31	Total	Falta
1. Entradas							
1.1. Dele							
1.1.1. Salário / Pró-labore							
1.1.2. 13º salário / Férias							
1.1.3. Comissões							
1.1.4. Ajuda de custo / Extras							
1.1.5. Resgate de aplicação							
1.2. Dela							
1.2.1. Salário / Pró-labore							
1.2.2. 13º salário / Férias							
1.2.3. Comissões							
1.2.4. Ajuda de custo / Extras							
1.2.5. Resgate de aplicação							
Total de entradas							
2.1. Despesas fixas							
2.1.1. Financiamento de imóvel / Aluguel							
2.1.2. Condomínio							
2.1.3. IPTU							
2.1.4. Empregados							
2.1.5. Internet / TV a cabo							

continua >>>

Orçamento mensal (continuação)

2.1.6. Consórcio / *Leasing* / Financiamento de Carro						
2.1.7. Seguro / IPVA / Licenciamento						
2.1.8. Convênio médico / Dentário						
2.1.9. Faculdade / Colégio / Cursos						
2.1.10. Clube / Academia						
2.1.11. Outros						
2.2. Despesas semifixas						
2.2.1. Mercado						
2.2.2. Água						
2.2.3. Luz						
2.2.4. Telefone (fixo e celular)						
2.2.5. Combustível						
2.2.6. Manutenção da casa						
2.2.7. Manutenção do carro						
2.2.8. Metrô / Ônibus / Táxi						
2.2.9. Estacionamento						
2.2.10. Material escolar						
2.2.11. Livros / Revistas						
2.2.12. Despesas de escritório						
2.2.13. Farmácia						
2.2.14. Cabeleireiro / Manicure						
2.2.15. Mesada dos filhos						
2.2.16. Outros						
2.3. Despesas variáveis						
2.3.1. Roupas						
2.3.2. Restaurantes						
2.3.3. Cinema / Teatro						
2.3.4. Viagens						
2.3.5. Festas						
2.3.6. Presentes						
2.3.7. Médicos / Dentista / Psicólogo						
2.3.8. Outros						

Total de saídas							
	Saldo						
3. Investimentos							
3.1. Previdência privada							
3.2. Imóveis							
3.3. Renda fixa							
3.4. Renda variável							
3.5. Outros							

Acabado o mês, compare o que havia sido planejado com o que realmente ocorreu. Gastou-se mais do que estava previsto? Em quê? O que se pode fazer no próximo mês para melhorar o resultado?

Normalmente, no início do processo, você perceberá que gastou mais do que planejou. Isso pode acontecer por tipo de gastos, mas o mais comum é que o total real tenha sido maior do que o estimado. Você também se surpreenderá com os valores de alguns tipos de gastos que nem percebia que existiam ou que considerava insignificantes (veja o Capítulo 4).

Será que você se esqueceu de anotar algum gasto? Ou marcou algum gasto duas vezes? Para responder, é importante fazer o acerto de contas. O saldo final da planilha deve ser igual ao saldo da conta-corrente mais o que se tem em dinheiro vivo no final do mês, subtraído de gastos não pagos, como cartão de crédito ou cheque pré-datado. Na realidade, o ideal é fazer o acerto semanalmente utilizando uma planilha como a seguinte.

	Inicial	Final 1ª sem.	Final 2ª sem.	Final 3ª sem.	Final do mês
1. Conta-corrente					
2. Dinheiro					
3. Cartão e cheque					
Total (1+2-3)					
Ajuste pelo acompanhamento					
Diferença					

O que estiver anotado na planilha deve prevalecer sobre a soma dos valores disponíveis se houver diferença após mais de uma checagem. Recomenda-se que, em caso de diferença não encontrada, ela seja zerada anotando-se gastos ou recebimentos extras na linha "outros". Porém, esse ajuste deve ser feito apenas no final do mês. Veja antes se há algum gasto anotado que ainda não foi descontado (cheque, por exemplo) de sua conta-corrente. Nesse caso, deve-se incluir essa despesa nas linhas "cartão" e "cheque" da planilha de acerto anterior.

A fim de facilitar a confecção de planilhas, alguns modelos são disponibilizados no site da empresa de consultoria mantida por um dos autores deste livro (www.ftnconsultoria.com.br).

Copie a mesma planilha em outras guias do Microsoft Excel e dê o nome do mês e ano a cada uma. A consulta de meses anteriores torna-se muito mais fácil se todos os meses forem mantidos no mesmo arquivo eletrônico. Para criar uma nova guia no Excel, basta posicionar o cursor no canto inferior esquerdo (em uma planilha nova estará escrito *plano 1*, *plan 1* ou *sheet 1*) e criá-la com o botão direito do mouse. Aparecerá um menu de opções e uma delas será *criar* (*inserir*) *uma nova planilha* (ou *worksheet*). Nesse menu também há a opção de mudar o nome da guia.

Outro detalhe que se recomenda incluir nessa planilha é um cálculo do impacto mensal (%) causado por tipo de despesa (fixa, semifixa e variável). Assim, com o passar dos meses, pode-se verificar se o impacto de cada uma delas está aumentando ou diminuindo. A fórmula seria o total gasto com despesas fixas no final do mês dividido pelo total recebido no mesmo mês, exibindo-se o valor em porcentagem.

Após terminar essa análise mensal, você chegará a uma conclusão: pode (ou tem que) melhorar o perfil de gastos.

Exemplo numérico

A fim de facilitar a compreensão do método proposto neste livro, apresentamos a seguir o começo da análise de uma situação real que será explorada até o final da obra. Assim, você poderá perceber como ocorre e se desenvolve uma evolução financeira global possível.

Um casal hipotético tinha dois filhos em janeiro de 2010, ambos matriculados em escola particular. Marido e mulher trabalhavam e pagavam um financiamento de imóvel. Havia somente um carro na família. Como sua reserva financeira (em poupança) era escassa e alternavam meses com utilização de cheque especial, resolveram procurar uma consultoria de finanças pessoais. Em virtude de problemas passados, não utilizavam cartão de crédito.

Outros detalhes da situação do casal naquele mês:
* ganhavam R$ 7 mil líquidos, sendo R$ 5 mil recebidos pelo marido;
* quando fizeram uma estimativa dos gastos de janeiro de 2010, comparando-os aos seus recebimentos, notaram que seria possível reverter o saldo negativo no banco (atualmente em R$ 500,00) até o final do mês;
* foram feitos os lançamentos por categoria, conforme explicado no início deste capítulo;
* passaram a anotar todos os gastos diariamente e a lançá-los na planilha sugerida semanalmente. Logo na primeira semana notaram que não davam atenção a pequenos valores que, somados, eram importantes. Outra constatação foi de que normalmente (e mentalmente) arredondavam os valores dos gastos, e os montantes ignorados não eram desprezíveis. De qualquer maneira, acabaram a semana com a conta-corrente positiva;
* o saldo da conta-corrente ainda era positivo no final da segunda semana, mas com valor inferior, pois os dois recebiam os salários na primeira semana e dali em diante havia só gastos. Na segunda semana também tiveram mais gastos, que podem ser creditados à empolgação de haver dinheiro na conta-corrente. É verdade que alguns desses gastos eram fixos, mas os maiores valores de gastos semifixos e variáveis aconteceram nessa semana;
* ao fim da terceira semana, o saldo negativo na conta-corrente estava de volta. O que aconteceu com a previsão inicial do mês? Como dito anteriormente, é muito comum que as pessoas não percebam quanto e em que gastam. Anotar tudo é o melhor remédio para começar a entender o problema.

Acabado o mês, o saldo negativo estava pior do que no começo, mesmo sendo esperado que a conta-corrente acabasse com o saldo ao menos levemente positivo.

	Inicial	Final 1ª sem.	Final 2ª sem.	Final 3ª sem.	Final 4ª sem.	Final do mês
Conta-corrente	(500,00)	3.806,33	715,68	(477,76)	(852,57)	
Dinheiro	80,00	25,00	33,00	27,00	18,00	
Total	(420,00)	3.831,33	748,68	(450,76)	(834,57)	(834,57)

Orçamento mensal (mês: janeiro de 2010)

		Realizado					
	Previsto	de 1 a 8	de 9 a 16	de 17 a 24	de 25 a 31	Total	Falta
1. Entradas							
1.1. Dele							
1.1.1. Salário / Pró-labore	5.000,00	5.000,00				5.000,00	
1.1.2. 13º salário / Férias							
1.1.3. Comissões							
1.1.4. Ajuda de custo / Extras							
1.1.5. Resgate de aplicação							
1.2. Dela							
1.2.1. Salário / Pró-labore	2.000,00	2.000,00				2.000,00	
1.2.2. 13º salário / Férias							
1.2.3. Comissões							
1.2.4. Ajuda de custo / Extras							
1.2.5. Resgate de aplicação							
Total de entradas	7.000,00	7.000,00				7.000,00	
2.1. Despesas fixas	3.374,00	1.586,50	874,50	980,50	55,50	3.497,00	123,00
2.1.1. Financiamento de imóvel / Aluguel	1.000,00	1.000,00				1.000,00	
2.1.2. Condomínio	350,00		355,00			355,00	5,00
2.1.3. IPTU							

Organize suas finanças

2.1.4. Empregados / Faxineira	200,00	55,50	55,50	55,50	55,50	222,00	22,00
2.1.5. Internet / TV a cabo	250,00		254,00			254,00	4,00
2.1.6. Consórcio / *Leasing* / Financiamento de carro							
2.1.7. Seguro / IPVA / Licenciamento	150,00			175,00		175,00	25,00
2.1.8. Convênio médico / Dentário	500,00	507,00				507,00	7,00
2.1.9. Faculdade / Colégio / Cursos	700,00			750,00		750,00	50,00
2.1.10. Clube / Academia	200,00		210,00			210,00	10,00
2.1.11. Taxa do banco	24,00	24,00				24,00	
2.1.12. Outros							
2.2. Despesas semifixas	**2.650,00**	**601,75**	**1.333,90**	**443,30**	**389,18**	**2.768,13**	**118,13**
2.2.1. Mercado	800,00	250,25	382,55	190,10	144,68	967,58	167,58
2.2.2. Água							
2.2.3. Luz	120,00		134,00			134,00	14,00
2.2.4. Telefone (fixo e celular)	300,00	83,50	189,35	57,20		330,05	30,05
2.2.5. Combustível	200,00	75,00	77,00	72,00	70,00	294,00	94,00
2.2.6. Manutenção da casa							
2.2.7. Manutenção do carro							
2.2.8. Metrô / Ônibus / Táxi	100,00	30,00	22,00	20,00	20,00	92,00	(8,00)
2.2.9. Estacionamento	50,00	10,00	12,00	5,00	10,00	37,00	(13,00)
2.2.10. Material escolar	500,00		330,00			330,00	(170,00)
2.2.11. Livros / Revistas	80,00	18,00	20,00	22,00	22,00	82,00	2,00
2.2.12. Despesas de escritório							
2.2.13. Farmácia	220,00		125,00		89,50	214,50	(5,50)
2.2.14. Cabeleireiro / Manicure	180,00	35,00	42,00	77,00	33,00	187,00	7,00
2.2.15. Mesada dos filhos	100,00	100,00				100,00	
2.2.16. Outros							
2.3. Despesas variáveis	**426,00**	**55,00**	**905,00**	**164,50**	**24,94**	**1.149,44**	**723,44**
2.3.1. Roupas	200,00		220,00			220,00	20,00
2.3.2. Restaurantes	100,00	55,00	50,00	77,00		182,00	82,00

continua >>>

Orçamento mensal (continuação)

2.3.3. Cinema / Teatro	100,00		85,00			85,00	(15,00)
2.3.4. Viagens			550,00			550,00	550,00
2.3.5. Festas							
2.3.6. Presentes				50,00		50,00	50,00
2.3.7. Médicos / Dentista / Psicólogo							
2.3.8. Outros (negativo no banco)	25,00			37,50	24,94	62,44	36,44
Total de saídas	**6.450,00**	**2.243,25**	**3.113,40**	**1.588,30**	**469,62**	**7.414,57**	**964,57**
Saldo	550,00	4.756,75	(3.113,40)	(1.588,30)	(469,62)	(414,57)	(964,57)
3. Investimentos	550,00						(550,00)
3.1. Previdência privada							
3.2. Imóveis							
3.3. Renda fixa							
3.4. Renda variável							
3.5. Outros (zerar negativo)	550,00						(550,00)

Capítulo 6

Controle melhor a sua vida

Após começar a usar o método proposto neste livro, você poderá notar que está agindo contra o seu princípio básico e, portanto, contra o seu bem-estar financeiro, mas mãos à obra!

Não use como desculpa o fato de ganhar pouco. Você deve controlar melhor a sua vida. Pode pensar: "Mas já tenho todas as minhas despesas controladas, como posso cortar gastos?". A resposta pressupõe a seguinte pergunta: "O que você está disposto a fazer para passar de devedor a investidor?".

Pode ser necessária uma reeducação financeira completa ou somente a adoção de alguns pequenos ajustes. Há pessoas que estão dispostas a empreender mudanças radicais para atingir metas pessoais. Outras querem somente começar a guardar um pouco de dinheiro e dormir mais tranquilas.

Independentemente de sua meta, o mais importante é adequar os seus gastos aos seus recebimentos. Como já foram identificados todos os seus gastos (aplicando-se o método descrito no Capítulo 5), agora você precisa estudar oportunidades de reduzir as despesas para passar a investir. Persevere mês após mês (normalmente, já ocorre uma mudança significativa em apenas três meses) e o objetivo será alcançado: gastar menos do que se ganha. Na consultoria (www.ftnconsultoria.com.br), ajudamos a identificar as potenciais reduções, mas o cliente tem de estar disposto a sacrificar-se em prol de um bem maior.

Acredite, é possível melhorar seu padrão de gastos. Comece observando os gastos variáveis. Se você realmente está sempre recorrendo ao limite do cheque especial ou devendo para o cartão de crédito, eis o lugar mais fácil e rápido para começar a economizar. Muitas vezes, não é necessário cortar todos os gastos de forma definitiva. É possível:

* reduzir a quantidade de idas a restaurantes ou até buscar opções de alimentação mais econômicas;
* adiar a compra de roupas ou comprar menos peças por mês;
* programar viagens com grande antecedência ou optar por roteiros mais econômicos (até mudar a época da viagem ajuda muito na redução do gasto);
* diminuir as idas ao cinema e trocá-las por um programa caseiro em família (DVD, *Blue-ray*, TV a cabo);
* organizar festas mais econômicas ou até adiá-las. Se planeja casar-se, talvez você precise decidir entre fazer uma grande festa e viajar na lua de mel. Pense bem sobre o que você aproveitará melhor;
* presentear a sua família de modo a trocar gastos (por exemplo, dar uma camisa ao seu filho e, desse modo, reduzir o gasto com roupas). Em situações mais críticas, pode-se combinar não trocar presentes em família momentaneamente. Por fim, por que não presentear sua família com uma viagem interessante e deixar de dar presentes a todos naquele ano?;
* cadastrar-se em sites de compras coletivas. Há vários em pleno funcionamento e com excelentes ofertas. O conceito desses sites é indicar um dia específico para ir a determinado restaurante, por exemplo, e comer a um preço bem menor do que o normal (o desconto é superior a 50%, muitas vezes). O estabelecimento ganha porque normalmente disponibiliza, para esses sites, dias em que não há muito movimento. O cliente pode gostar da comida e voltar em outro dia ou indicar o local para um amigo. O importante é que você ganha conhecendo lugares interessantes a preços bem acessíveis.

Há outras providências que podem ser tomadas quanto aos gastos variáveis. Pense sobre o que está sendo representativo. Converse com seus familiares para, juntos, chegarem a soluções criativas.

Agora, passe às despesas semifixas. Antes de trocar o fornecedor, não seria possível reduzir as despesas tomando um pouco mais de cuidado?

A conta de luz pode ser facilmente diminuída se forem tomados alguns cuidados, como trocar as lâmpadas pelo tipo mais econômico, diminuir o tempo do banho no chuveiro elétrico, apagar as luzes dos ambientes que não estão em uso, fechar bem a porta da geladeira e evitar abri-la muitas vezes, desligar o monitor do computador quando não estiver em uso, trocar a luz artificial pela natural na iluminação de ambientes durante o dia, e assim por diante.

Já foram dadas algumas dicas para diminuição de despesas semifixas no Capítulo 3, mas podemos citar outras:

* mesmo se você tiver um carro, por que não utilizar o transporte público quando for a algum lugar de fácil acesso e com alto custo de estacionamento? Faça o cálculo. Você pode até se livrar da dor de cabeça de ter que achar um lugar para estacionar;
* vá ao supermercado sem fome e limite-se a comprar o que estava na lista pré-programada. Verifique o que está faltando na despensa antes de sair de casa. Não confie totalmente na memória. Você também pode experimentar marcas menos famosas em vários itens;
* pesquise na hora de comprar o material escolar. Cuidado com a compra em grande volume de itens que não poderão ser utilizados nos próximos anos. Cuidado com o custo de materiais com apelo de marketing, como, por exemplo, cadernos com personagens de desenhos animados;
* veja se há um plano de fidelidade ou desconto por compra de pacote no seu cabeleireiro, manicure ou local de depilação, massagem etc. Há muitos desses estabelecimentos que oferecem descontos em dias de menor movimento;
* embora possa parecer vantajoso pagar a academia por ano ou semestre, se você não é do tipo disciplinado ou viaja muito, cuidado. É melhor pagar somente o período cujo uso será efetivo. Pagar e não usar sairá muito caro para você;
* tanto a manutenção da casa como a do carro ficam mais baratas se feitas de forma preventiva. Algumas pessoas são adeptas do "faça você mesmo" e, com isso, economizam muito dinheiro cuidando elas

mesmas da manutenção dos seus bens. Outras preferem economizar aproveitando benefícios de companhias de seguro;
* revistas compradas com frequência podem sair mais baratas se você fizer uma assinatura mensal. Porém, se você recebe periodicamente uma revista que não tem tempo para ler, essa assinatura acabará ficando muito cara (é o mesmo caso dos planos de longo prazo em academias);
* aproveite os planos de fidelidade de livrarias e adquira muitos livros como prêmio por sua pontuação, sem colocar a mão no bolso. Há livrarias que oferecem outros produtos (eletrônicos, por exemplo) e você pode acumular pontos também na compra desses itens. Não se esqueça de pesquisar os preços;
* o valor da mesada dos seus filhos é fixo ou varia conforme o desempenho escolar? Se o funcionário é remunerado pelo seu desempenho profissional, por que não fazer o mesmo com seus filhos? Isso pode servir de incentivo extra para que se dediquem ao máximo na escola. Por outro lado, pode ser necessário reduzir essa despesa em tempos difíceis. Mostre a eles como podem cortar gastos para continuar vivendo, mesmo ganhando menos. Essa é a real educação financeira.

Uma alternativa para a redução de gastos semifixos é a troca de fornecedores. Pesquise. Recomenda-se, porém, que antes da troca você leia o contrato proposto pela nova empresa. Verifique se há tempo de carência ou outras cláusulas de cancelamento.

Por fim, concentre-se nas despesas fixas. Elas não podem ser reduzidas ou zeradas, porém podem ser trocadas.
* se o valor do seu condomínio é excessivamente alto, por que não mudar de apartamento? Por outro lado, você pode também ajudar na gestão do seu condomínio e sugerir ações para reduzir as despesas;
* tanto o IPVA como o IPTU têm política de descontos para pagamentos a vista. Faça as contas. Pode-se aproveitar o bônus recebido no começo do ano ou parte do 13º salário para quitar esses impostos e não aumentar as despesas mensais;

* quanto aos serviçoes de assinatura de TV e internet, pesquise, pois há empresas que oferecem pacotes que incluem TV, internet e telefone). Quando se contrata um pacote desse tipo (normalmente chamados de "combos"), o preço pode ficar bem melhor. Aproveite o benefício da portabilidade do seu número telefônico (isso também vale para o número do seu telefone celular).

Além das dicas citadas neste capítulo, muito mais pode ser feito. Pense, pesquise e ponha em prática. Converse com amigos que tenham passado por dificuldades e se saíram bem. Leia outras dicas de melhoria de gastos. O importante é perceber uma evolução da sua situação financeira mês após mês.

Não deixe de anotar os gastos e analisar o impacto de cada tipo de despesa. Verifique como cada linha de gasto se comporta de um mês para o outro. Comemore cada pequena vitória, pois isso servirá de incentivo para você seguir adiante. Mesmo que já tenha melhorado o seu padrão de gastos e deixado de gastar mais do que ganha, será que não há algo mais a incrementar?

Abordaremos um item em separado que diz respeito às compras a vista ou a prazo.

Compras a vista ou a prazo

Samy Dana escreveu uma obra muito interessante sobre compras a prazo.[4] Nela, há dicas importantes, que serão abordadas a seguir.

Antes de mais nada, deve-se pensar nas vantagens de se comprar a vista contra as vantagens de se comprar a prazo. É lógico que, se você não tem o montante total, há somente duas opções: comprar a prazo ou juntar dinheiro para comprar a vista posteriormente.

Somos adeptos da segunda opção, porém há momentos em que não é tão ruim assim comprar a prazo. De qualquer maneira, pesquise muito antes de tomar a sua decisão.

---

[4] DANA, Samy; PIRES, Marcos Cordeiro. *10x sem juros*. São Paulo: Saraiva, 2008.

A nossa dica é procurar o menor preço a vista, mesmo que você não tenha dinheiro para fazer a compra. Esse seria, de fato, o valor a ser financiado. Não caia na armadilha de algumas lojas que dizem que o preço a vista e o preço parcelado são iguais. Somente considere esse valor como o valor a ser financiado (e em que realmente não há juros embutidos) se ele for o menor após uma boa pesquisa de valores a vista. Hoje, com a internet, a pesquisa é relativamente simples e rápida.

Outra consideração importante sobre o montante a ser financiado é deduzir desse valor a parcela que será dada no ato da compra. Ou seja, se você for comprar um televisor que estiver sendo vendido por 10 parcelas mensais de R$ 200,00, com a primeira paga a vista, o valor financiado será (se esse for o valor mais baixo a vista) de R$ 1,8 mil (9 × R$ 200,00). Porém, se o valor mais baixo a vista for de R$ 1,75 mil, então o valor que devemos considerar a ser financiado é de R$ 1,55 mil (R$ 1,75 mil – R$ 200,00 dados de entrada). Deve-se considerar como valor a vista o menor valor de aquisição do bem no mercado. Muitas vezes, esse valor é menor na loja que financia a oferta e, na realidade, essa é uma técnica para fazer o consumidor achar que está pagando juros mais baixos.

A tabela apresentada a seguir foi criada para proporcionar uma rápida comparação, pois considera, nas linhas, taxas de 0,5% a 15% ao mês, variando de 0,5% em 0,5%. Nas colunas, temos o número de prestações de 1 a 12, depois opções de 18, 24, 30, 36, 48 e 60 prestações. Caso se depare com um número de prestações intermediário, recomendamos que você utilize o número inferior mais próximo e o número superior mais próximo, calculando uma média. Nas intersecções das linhas com as colunas, a tabela fornece coeficientes. Esses coeficientes representam o valor da parcela em relação ao valor financiado (por exemplo, se o coeficiente é 0,2005, isso significa que cada parcela é de 20,05% do valor financiado).

Embora o livro citado tenha proposto outra abordagem para o uso dessa tabela, vamos aqui utilizá-la para determinar o valor dos juros que estão sendo cobrados (ou oferecidos).

Vamos a um exemplo de como recomendamos a sua utilização:
* ★ suponha que você esteja comprando um eletrodoméstico a prazo e o menor valor encontrado a vista tenha sido de R$ 1,7 mil;
* ★ a loja oferece sete prestações de R$ 300,00, sendo a primeira devida no ato da compra, ou pagamento a vista de R$ 2 mil reais;

* pelo que foi explicado, o valor a ser financiado é o menor valor a vista (R$ 1,7 mil) menos o valor dado de entrada (R$ 300,00), portanto, R$ 1,4 mil;
* o valor da prestação é de R$ 300,00, que representa 0,2143 ou 21,43% do valor financiado (R$ 300,00 / R$ 1,4 mil);
* haverá no total seis prestações, já que uma foi paga a vista;
* ao utilizar a tabela, procure a coluna de seis prestações e, então, tente encontrar o número mais próximo possível de 0,2143;
* nesse caso, você encontrará dois valores próximos: 0,2130 e 0,2163. No início da linha desse número (à esquerda), encontramos 7,5% e 8,0%;
* isso significa que os juros mensais cobrados por essa loja estão entre 7,5% e 8,0% (mais próximos de 7,5%) ao mês.

Considerando que uma aplicação comum não rende 1% ao mês e que um empréstimo bancário pode estar abaixo de 2,5% ao mês, seria melhor pedir um empréstimo e pagar o produto a vista na loja com o menor valor (R$ 1,7 mil). Isso se você não puder esperar para juntar o dinheiro e pagar a vista sem precisar do empréstimo bancário (veja a tabela nas páginas 44 e 45).

Existem outras possibilidades, como o financiamento com o primeiro pagamento após dois meses, ou você pode calcular o valor de uma parcela se a taxa de juros for informada pelo vendedor. Nesses casos, e se você estiver mais interessado no assunto das compras a prazo, recomendamos que consulte o livro *10x sem juros*.

Exemplo numérico

Passado o choque do primeiro mês, começa o planejamento do segundo. Agora, tentamos observar todos os centavos e detalhes. Também é uma boa hora para observar possíveis reduções de gastos e necessidades de negociação. É importante lembrar que algumas planilhas estão disponíveis na página deste livro no site da editora (www.cengage.com.br).

Algumas observações importantes:
* o valor correto do condomínio era de R$ 355,00, sem arredondamentos;
* esqueceu-se de prever o custo de transporte da faxineira. O valor total semanal correspondia a R$ 55,50;

Como passar de devedor para investidor

Número de prestações

	1	2	3	4	5	6	7	8	9	10	11	12	18	24	30	36	48	60
0,50%	1,0050	0,5038	0,3367	0,2531	0,2030	0,1696	0,1457	0,1278	0,1139	0,1028	0,0937	0,0861	0,0582	0,0443	0,0360	0,0304	0,0235	0,0193
1,00%	1,0100	0,5075	0,3400	0,2563	0,2060	0,1725	0,1486	0,1307	0,1167	0,1056	0,0965	0,0888	0,0610	0,0471	0,0387	0,0332	0,0263	0,0222
1,50%	1,0150	0,5113	0,3434	0,2594	0,2091	0,1755	0,1516	0,1336	0,1196	0,1084	0,0993	0,0917	0,0638	0,0499	0,0416	0,0362	0,0294	0,0254
2,00%	1,0200	0,5150	0,3468	0,2626	0,2122	0,1785	0,1545	0,1365	0,1225	0,1113	0,1022	0,0946	0,0667	0,0529	0,0446	0,0392	0,0326	0,0288
2,50%	1,0250	0,5188	0,3501	0,2658	0,2152	0,1815	0,1575	0,1395	0,1255	0,1143	0,1051	0,0975	0,0697	0,0559	0,0478	0,0425	0,0360	0,0324
3,00%	1,0300	0,5226	0,3535	0,2690	0,2184	0,1846	0,1605	0,1425	0,1284	0,1172	0,1081	0,1005	0,0727	0,0590	0,0510	0,0458	0,0396	0,0361
3,50%	1,0350	0,5264	0,3569	0,2723	0,2215	0,1877	0,1635	0,1455	0,1314	0,1202	0,1111	0,1035	0,0758	0,0623	0,0544	0,0493	0,0433	0,0401
4,00%	1,0400	0,5302	0,3603	0,2755	0,2246	0,1908	0,1666	0,1485	0,1345	0,1233	0,1141	0,1066	0,0790	0,0656	0,0578	0,0529	0,0472	0,0442
4,50%	1,0450	0,5340	0,3638	0,2787	0,2278	0,1939	0,1697	0,1516	0,1376	0,1264	0,1172	0,1097	0,0822	0,0690	0,0614	0,0566	0,0512	0,0485
5,00%	1,0500	0,5378	0,3672	0,2820	0,2310	0,1970	0,1728	0,1547	0,1407	0,1295	0,1204	0,1128	0,0855	0,0725	0,0651	0,0604	0,0553	0,0528
5,50%	1,0550	0,5416	0,3707	0,2853	0,2342	0,2002	0,1760	0,1579	0,1438	0,1327	0,1236	0,1160	0,0889	0,0760	0,0688	0,0644	0,0596	0,0573
6,00%	1,0600	0,5454	0,3741	0,2886	0,2374	0,2034	0,1791	0,1610	0,1470	0,1359	0,1268	0,1193	0,0924	0,0797	0,0726	0,0684	0,0639	0,0619
6,50%	1,0650	0,5493	0,3776	0,2919	0,2406	0,2066	0,1823	0,1642	0,1502	0,1391	0,1301	0,1226	0,0959	0,0834	0,0766	0,0725	0,0683	0,0665
7,00%	1,0700	0,551	0,3811	0,2952	0,2439	0,2098	0,1856	0,1675	0,1535	0,1424	0,1334	0,1259	0,0994	0,0872	0,0806	0,0767	0,0728	0,0712
7,50%	1,0750	0,5569	0,3845	0,2986	0,2472	0,2130	0,1888	0,1707	0,1568	0,1457	0,1367	0,1293	0,1030	0,0911	0,0847	0,0810	0,0774	0,0760

Controle melhor a sua vida

8,00%	1,0800	0,5608	0,3880	0,3019	0,2505	0,2163	0,1921	0,1740	0,1601	0,1490	0,1401	0,1327	0,1067	0,0950	0,0888	0,0853	0,0820	0,0808
8,50%	1,0850	0,5646	0,3915	0,3053	0,2538	0,2196	0,1954	0,1773	0,1634	0,1524	0,1435	0,1362	0,1104	0,0990	0,0931	0,0898	0,0867	0,0856
9,00%	1,0900	0,5685	0,3951	0,3087	0,2571	0,2229	0,1987	0,1807	0,1668	0,1558	0,1469	0,1397	0,1142	0,1030	0,0973	0,0942	0,0915	0,0905
9,50%	1,0950	0,5723	0,3986	0,3121	0,2604	0,2263	0,2020	0,1840	0,1702	0,1593	0,1504	0,1432	0,1180	0,1071	0,1017	0,0988	0,0962	0,0954
10,00%	1,1000	0,5762	0,4021	0,3155	0,2638	0,2296	0,2054	0,1874	0,1736	0,1627	0,1540	0,1468	0,1219	0,1113	0,1061	0,1033	0,1010	0,1003
10,50%	1,1050	0,5801	0,4057	0,3189	0,2672	0,2330	0,2088	0,1909	0,1771	0,1663	0,1575	0,1504	0,1259	0,1155	0,1105	0,1080	0,1059	0,1053
11,00%	1,1100	0,589	0,4092	0,3223	0,2706	0,2364	0,2122	0,1943	0,1806	0,1698	0,1611	0,1540	0,1298	0,1198	0,1150	0,1126	0,1107	0,1102
11,50%	1,1150	0,5878	0,4128	0,3258	0,2740	0,2398	0,2157	0,1978	0,1841	0,1734	0,1648	0,1577	0,1339	0,1241	0,1196	0,1173	0,1156	0,1152
12,00%	1,1200	0,5917	0,4163	0,3292	0,2774	0,2432	0,2191	0,2013	0,1877	0,1770	0,1684	0,1614	0,1379	0,1285	0,1241	0,1221	0,1205	0,1201
12,50%	1,1250	0,5956	0,4199	0,3327	0,2809	0,2467	0,2226	0,2048	0,1913	0,1806	0,1721	0,1652	0,1420	0,1329	0,1288	0,1268	0,1254	0,1251
13,00%	1,1300	0,5995	0,4235	0,3362	0,2843	0,2502	0,2261	0,2084	0,1949	0,1843	0,1758	0,1690	0,1462	0,1373	0,1334	0,1316	0,1304	0,1301
13,50%	1,1350	0,6034	0,4271	0,3397	0,2878	0,2536	0,2296	0,2120	0,1985	0,1880	0,1796	0,1728	0,1504	0,1418	0,1381	0,1364	0,1353	0,1351
14,00%	1,1400	0,6073	0,4307	0,3432	0,2913	0,2572	0,2332	0,2156	0,2022	0,1917	0,1834	0,1767	0,1546	0,1463	0,1428	0,1413	0,1403	0,1401
14,50%	1,1450	0,6112	0,4343	0,3467	0,2948	0,2607	0,2368	0,2192	0,2059	0,1955	0,1872	0,1806	0,1589	0,1509	0,1475	0,1461	0,1452	0,1450
15,00%	1,1500	0,6151	0,4380	0,3503	0,2983	0,2642	0,2404	0,2229	0,2096	0,1993	0,1911	0,1845	0,1632	0,1554	0,1523	0,1510	0,1502	0,1500
15,50%	1,1550	0,6190	0,4416	0,3538	0,3019	0,2678	0,2440	0,2265	0,2133	0,2031	0,1950	0,1884	0,1675	0,1600	0,1571	0,1559	0,1552	0,1550

* o valor correto da assinatura de TV a cabo e internet era de R$ 254,00, sem arredondamentos;
* o IPVA foi pago em três parcelas de R$ 175,00. Preferiu-se não reduzir a pequena reserva com o pagamento a vista. O desconto era inferior ao que se pagava pelo uso do limite do cheque especial, por isso, era melhor utilizar uma parte da retaguarda para acabar com o saldo negativo. Recomendou-se sacar R$ 500,00 da poupança logo no começo do mês, na data de aniversário;
* negociou-se a academia, frequentada religiosamente pela esposa; com o pagamento semestral o valor mensal foi reduzido de R$ 210,00 para R$ 170,00;
* o pacote de tarifas do banco foi renegociado para outro mais apropriado às necessidades do casal. O valor foi reduzido de R$ 24,00 para R$ 21,50 mensais;
* os gastos com alimentação foram um pouco reduzidos com mais pesquisa na hora de comprar. Foram privilegiadas algumas marcas não tão famosas e as pequenas reduções contribuíram muito. O mesmo foi feito com os gastos na farmácia;
* deu-se mais atenção à possibilidade de redução da conta de luz. Alguns exemplos de medidas adotadas: luzes sempre apagadas em ambientes vazios, o monitor do computador passou a ser desligado quando o uso se encerrava, o tempo dos banhos foi diminuído, a geladeira deixou de ser aberta repetida e demasiadamente, trocaram-se algumas lâmpadas para modelos de menor consumo;
* antes era comum o uso de táxi no dia de rodízio do carro. Esse uso foi reduzido e, muitas vezes, substituído pelo uso do metrô. Até para ir ao shopping o casal passou a priorizar o metrô, o que reduziu o gasto com estacionamento;
* o gasto com combustível caiu um pouco ao se optar pela gasolina (carro flex), pois, na entressafra, o preço do álcool não estava vantajoso;
* duas revistas lidas semanalmente passaram a ser recebidas em casa (antes eram compradas no jornaleiro), com um desconto pela assinatura;
* o salão de beleza passou a ser visitado em dias de menor movimento, nos quais são praticados preços reduzidos;

Controle melhor a sua vida

* após conversas com os filhos, reduziu-se a mesada de cada um de R$ 50,00 para R$ 40,00, momentaneamente;
* resolveram apertar o cinto e deixaram de comprar roupas nesse mês. Também não viajaram no Carnaval e reduziram as idas a restaurantes. Nas poucas vezes em que comeram fora nesse mês, optaram pelos restaurantes por quilo. Mantiveram a rotina familiar de ir ao cinema (incluindo lanche) uma vez por mês.

Resultado: o mês acabou com saldo bancário positivo e puderam ainda aplicar R$ 600,00 no CDB (construção da retaguarda). Na verdade, a sua retaguarda teve um aumento de somente R$ 100,00, pois haviam tirado R$ 500,00 da poupança no início do mês. Mas já foi um começo...

A seguir, planilha do segundo mês. Outra importante melhoria foi a mudança do perfil de gastos. Os gastos fixos passaram de 50% para 45% e os variáveis foram reduzidos de 17% para 3% (uma economia possível e necessária em casos de emergência).

	Inicial	Final 1ª sem.	Final 2ª sem.	Final 3ª sem.	Final 4ª sem.	Final do mês
Conta-corrente	(852,57)	4.536,63	1.872,99	1.135,81	47,72	
Dinheiro	18,00	32,00	35,50	16,80	13,80	
Total	(834,57)	4.536,63	1.908,49	1.152,61	61,52	61,52

Orçamento mensal (mês: fevereiro de 2010)

		Realizado					
	Previsto	de 1 a 8	de 9 a 16	de 17 a 24	de 25 a 31	Total	Falta
1. Entradas							
1.1. Dele							
1.1.1. Salário / Pró-labore	5.000,00	5.000,00				5.000,00	
1.1.2. 13º salário / Férias							
1.1.3. Comissões							
1.1.4. Ajuda de custo / Extras							
1.1.5. Resgate de aplicação		500,00				500,00	500,00

continua >>>

Orçamento mensal (continuação)

1.2. Dela							
1.2.1. Salário / Pró-labore	2.000,00	2.000,00				2.000,00	
1.2.2. 13º salário / Férias							
1.2.3. Comissões							
1.2.4. Ajuda de custo / Extras							
1.2.5. Resgate de aplicação							
Total de entradas	7.000,00	7.500,00				7.500,00	500,00
2.1. Despesas fixas	**3.437,00**	**1.584,00**	**1.524,50**	**230,50**	**55,50**	**3.394,50**	**(42,50)**
2.1.1. Financiamento de Imóvel / Aluguel	1.000,00	1.000,00				1.000,00	
2.1.2. Condomínio	355,00		355,00			355,00	
2.1.3. IPTU							
2.1.4. Empregados / Faxineira	222,00	55,50	55,50	55,50	55,50	222,00	
2.1.5. Internet / TV a cabo	254,00		254,00			254,00	
2.1.6. Consórcio / *Leasing* / Financiamento de carro							
2.1.7. Seguro / IPVA / Licenciamento	175,00			175,00		175,00	
2.1.8. Convênio médico / Dentário	507,00	507,00				507,00	
2.1.9. Faculdade / Colégio / Cursos	690,00			690,00		690,00	
2.1.10. Clube / Academia	210,00		170,00			170,00	(40,00)
2.1.11. Taxa do banco	24,00	21,50				21,50	(2,50)
2.1.12. Outros							
2.2. Despesas semifixas	**2.460,00**	**508,77**	**1.050,64**	**468,38**	**393,59**	**2.421,38**	**(38,62)**
2.2.1. Mercado	800,00	195,75	198,43	231,08	237,69	862,95	62,95
2.2.2. Água							
2.2.3. Luz	120,00		127,68			127,68	7,68
2.2.4. Telefone (fixo e celular)	300,00	80,52	164,53	57,20		302,25	2,25
2.2.5. Combustível	200,00	97,00		95,00		192,00	(8,00)
2.2.6. Manutenção da casa							

2.2.7. Manutenção do carro							
2.2.8. Metrô / Ônibus / Táxi	100,00	14,40	22,00	13,60	12,40	62,50	(37,50)
2.2.9. Estacionamento	50,00	7,00	5,00	5,00	10,00	27,00	(23,00)
2.2.10. Material escolar	330,00		330,00			330,00	
2.2.11. Livros / Revistas	80,00	4,00	55,00	2,50	3,00	64,50	(15,50)
2.2.12. Despesas de escritório							
2.2.13. Farmácia	220,00		125,00		89,50	214,50	(5,50)
2.2.14. Cabeleireiro / Manicure	180,00	30,00	23,00	64,00	41,00	158,00	(22,00)
2.2.15. Mesada dos filhos	80,00	80,00				80,00	
2.2.16. Outros							
2.3. Despesas variáveis	**226,00**	**36,00**	**85,00**	**57,00**	**10,03**	**188,03**	**(37,97)**
2.3.1. Roupas							
2.3.2. Restaurantes	100,00	36,00		38,50		74,50	(25,50)
2.3.3. Cinema / Teatro	100,00		85,00			85,00	(15,00)
2.3.4. Viagens							
2.3.5. Festas							
2.3.6. Presentes							
2.3.7. Médicos / Dentista / Psicólogo							
2.3.8. Outros (negativo no banco)	26,00			18,50	10,03	28,53	2,53
Total de saídas	6.123,00	2.128,77	2.660,14	755,88	459,12	6.003,91	(119,09)
Saldo	877,00	5.371,23	(2.660,14)	(755,88)	(459,12)	1.496,09	619,09
3. Investimentos	887,00	834,57			600,00	1.434,57	547,57
3.1. Previdência privada							
3.2. Imóveis							
3.3. Renda fixa					600,00	600,00	600,00
3.4. Renda variável							
3.5. Outros (zerar negativo)	887,00	834,57				834,57	(52,43)

Capítulo 7

Comece a investir

Agora que se passaram mais de três meses, já é possível ter uma boa ideia de como e em que você gasta o que recebe. A essa altura, também já começa a sobrar um pouco de dinheiro mensalmente. Por isso, está mais do que na hora de pensar em um plano de investimentos.

Por que é conveniente construir uma retaguarda financeira? Emergências, comprar coisas a vista e garantir um rendimento extra para quando o rendimento mensal diminuir (como na terceira idade) são algumas das razões. Entende-se por emergência a perda do emprego, por exemplo. Pode-se demorar de seis meses a um ano até conquistar um bom emprego novamente (até mais do que isso, em casos de nível hierárquico mais alto). Se não houver uma retaguarda financeira equivalente a seis meses ou um ano dos seus gastos mensais, você ficará muito preocupado com a demora para conseguir um novo emprego e se verá forçado a aceitar a primeira oportunidade que aparecer.

Trace objetivos para construir uma retaguarda financeira sólida. Comece com o seguro financeiro de curto prazo (6 a 12 vezes o seu gasto mensal) e, depois, concentre-se em seu plano de aposentadoria ou independência financeira (equivalente a pelo menos 10 anos de gastos).

Para alcançar tais objetivos, é preciso ter disciplina. Após estabelecer as suas metas de investimento, você terá de buscar o equilíbrio entre viver o presente e economizar para o futuro. Tente não exagerar em nenhum dos dois. Ter uma boa retaguarda financeira é importante, mas não se deve deixar de aproveitar o presente. Inclusive porque essa providência é importante para que cheguemos saudáveis ao futuro (física e psicologicamente). Porém, exageros no presente, como gastos excessivos sem preocupações com o que virá adiante, podem resultar em sérias dificuldades financeiras nos momentos de baixos recebimentos (terceira idade, por exemplo).

Como dito anteriormente, pague a si mesmo primeiro. Faça sempre uma análise da expectativa de ganhos e gastos para o mês que está para começar. Como dica prática, estime em 10% os gastos extras que podem acontecer durante o mês. Assumindo que já exista uma sobra de capital prevista, você deve aplicar aquele valor exatamente no início do mês ou assim que o dinheiro entrar na sua conta-corrente. Se sobrar mais, aplique no final do mês.

Outra dica importante é evitar o resgate de aplicações, a não ser que haja uma emergência, uma oportunidade de negócio ou uma quitação de dívida (com juros maiores que os obtidos em aplicações financeiras convencionais).

De que forma e em que começar a investir? Como o primeiro objetivo é obter uma retarguarda para emergências, recomenda-se o investimento em aplicações de baixo risco e alta liquidez. É importante que se possa sacar o dinheiro no momento de uma eventual necessidade, sem ter de esperar por um dia específico (essa possibilidade é própria dos investimentos de alta liquidez). Quando a aplicação é de baixo risco, os rendimentos não são muito elevados, mas não é interessante correr o risco de precisar do dinheiro para uma emergência e ter de esperar a recuperação do capital (período de baixa).

As aplicações mais comuns que se enquadram nesse perfil de baixo risco e alta liquidez são: poupança, CDB, tesouro direto, fundos DI e RF, fundos multimercados.

Devido à não cobrança de taxa administrativa, à boa rentabilidade e à possibilidade de resgate a qualquer momento (evite fazê-lo nos primeiros 30 dias, pois paga-se IOF), um bom investimento mais recomendado seria o CDB de um banco de primeira linha (baixo risco). O CDB (certificado de depósito bancário) é uma modalidade financeira em que você empresta dinheiro para o banco (difícil de acreditar!) e, em troca, ele oferece remuneração com juros próximos ao CDI. Existem os CDBs da modalidade pré-fixada (mais vantajosos quando se espera uma queda dos juros) e os pós-fixados (quando se aposta na manutenção ou elevação de juros). A promessa de juros é expressa em termos de porcentagem do CDI (por exemplo: 98% do CDI). Se você não negociar com o seu gerente ou fizer a aplicação diretamente no site do seu banco, receberá juros menores. Para aumentar o poder de barganha, muitas pessoas fazem depósitos na poupança e, quando têm um bom capital para aplicar no CDB, negociam com o gerente. Mas fique atento à data de resgate da poupança, pois em períodos inferiores a 30 dias os juros são perdidos.

Com as novas mudanças no rendimento da poupança e a queda dos juros básicos da economia, pode ser mais vantajoso manter o dinheiro na poupança se o CDB pagar menos de 90% do CDI.

Mesmo que o foco inicial do seu planejamento seja de curto prazo, por que não começar a pensar na aposentadoria quando ainda se é bem jovem? Se começar a investir em uma previdência privada aos 20 anos, você pagará muito menos por mês do que se começasse a aplicar aos 40 anos (considerando-se o mesmo valor de capital futuro e para uma data fixa de aposentadoria aos 65 anos, por exemplo). Há planos do tipo PGBL (plano gerador de benefício livre) e do tipo VGBL (vida geradora de benefício livre). No primeiro você pode descontar até 12% do seu salário bruto anual no imposto de renda (se escolher o modelo completo de declaração do IRPF e tiver investido esse valor no decorrer do ano em PGBL). A desvantagem é que, quando sacar desse fundo, você pagará IR sobre o valor total (contribuições mais rendimentos). No VGBL, você não desconta os valores pagos anualmente do cálculo do IR, mas quando sacar terá o desconto do imposto somente sobre o rendimento obtido.

Outra opção de investimento que garante retaguarda financeira para a sua aposentadoria são as ações. A diversificação de investimentos será abordada no Capítulo 8, mas não se deve temer aplicar em ações. O risco em longo prazo (acima de cinco anos) é mais baixo e compensado pelos ganhos obtidos. Recomenda-se somente que não se invista mais de 15% do capital total em ações.

Um cuidado importante: jamais perca de vista quanto realmente há disponível em seus investimentos. Não se esqueça de que sobre os rendimentos obtidos será cobrado o imposto de renda. Esse imposto é calculado conforme indicado a seguir (rendimentos de capital) e, ao resgatar o seu dinheiro, você receberá o valor líquido, já descontado o imposto.

Rendimentos de capital[5]

Fundos de longo prazo e aplicações de renda fixa, em geral:
* 22,5% para aplicações com prazo de até 180 dias;
* 20,0% para aplicações com prazo de 181 até 360 dias;
* 17,5% para aplicações com prazo de 361 até 720 dias;
* 15,0% para aplicações com prazo acima de 720 dias.

Fundos de curto prazo:
* 22,5% para aplicações com prazo de até 180 dias;
* 20,0% para aplicações com prazo acima de 180 dias.

Fundos de ações:
* 15%.

Aplicações em renda variável:
* 0,005%.

Acompanhe a evolução dos seus investimentos. Faça uma planilha com a variação mensal da sua retaguarda. Compare os valores com a sua meta. Isso vai incentivá-lo a seguir adiante e, também, a regular o seu ritmo de sacrifícios presentes. Se estiver demorando muito para chegar à meta de curto prazo, aperte ainda mais o cinto.

Esteja certo de uma coisa: quanto mais cedo começar a investir, mais fácil será acumular grandes valores, mesmo partindo de contribuições menores. Por que não começar a investir R$ 100,00 mensais a partir do dia em que seu filho nascer? Mais tarde, ele poderá dar continuidade a esse investimento por conta própria. Assumindo uma rentabilidade de 0,5% a.m. (líquida, livre de impostos e inflação), ele terá acumulado R$ 1 milhão (em valores atuais) aos 65 anos e viverá melhor após aposentar-se.

---

[5] www.receita.fazenda.gov.br/PessoaJuridica/IRRF/conceito.htm.

Exemplo numérico

Agora, com uma noção mais exata do que pode conseguir e tomando gosto pela possibilidade de construção de um patrimônio mais sólido, o casal começou a planejar o terceiro mês. Como não havia mais juros a pagar e saldo bancário negativo a cobrir, tudo o que fosse economizado seria destinado à retaguarda financeira.

Que outras medidas foram tomadas nesse terceiro mês? Seguem algumas:
* foi contratada outra faxineira, que cobrava R$ 50,00 por semana (a faxina era feita uma vez por semana), já com a condução, pois morava mais perto;
* foi negociado um pacote mais vantajoso com a empresa de TV a cabo e internet. O gasto mensal foi reduzido de R$ 254,00 para R$ 213,00;
* foi feito um plano familiar para o uso de telefone celular e, com isso, o gasto mensal com telefonia diminuiu;
* a leitura de jornais passou a ser feita somente pela internet;
* a mesada dos filhos retornou ao valor original, mas foi mostrado a eles que poderiam viver com os R$ 40,00 e guardar a diferença para algo que quisessem comprar no futuro;
* a economia nos gastos variáveis foi mantida e a família passou a curtir mais a própria casa;
* ainda nesse mês, resolveu-se iniciar uma previdência privada para cada cônjuge no valor total de R$ 350,00.

No final do terceiro mês o excedente financeiro de R$ 300,00 foi aplicado em CDBs, e não podemos nos esquecer de comentar que já haviam sido aplicados R$ 500,00 logo no começo do mês, pois, como garantiu o estudo da previsão de gastos, era possível fazê-lo.

O gasto total, cujo patamar estava acima dos R$ 7,4 mil no primeiro mês, foi reduzido para menos de R$ 5,8 mil no final do terceiro. Havia aproximadamente R$ 1 mil na poupança e, ao final dos três meses, aproximadamente R$ 500,00 na poupança, R$ 1,4 mil no CDB e já haviam começado a investir na previdência privada. Segue a planilha do terceiro mês:

	Inicial	Final 1ª sem.	Final 2ª sem.	Final 3ª sem.	Final 4ª sem.	Final do mês
Conta-corrente	47,72	4.343,10	1.867,37	1.137,46	50,00	
Dinheiro	13,80	50,32	35,50	16,80	2,28	
Total	61,52	4.393,42	1.902,87	1.154,26	52,28	52,28

E ainda sobrou um pouco de dinheiro na conta-corrente, o que é sempre recomendável.

Orçamento mensal (mês: março de 2010)

		Realizado					
	Previsto	de 1 a 8	de 9 a 16	de 17 a 24	de 25 a 31	Total	Falta
1. Entradas							
1.1. Dele							
1.1.1. Salário / Pró-labore	5.000,00	5.000,00				5.000,00	
1.1.2. 13º salário / Férias							
1.1.3. Comissões							
1.1.4. Ajuda de custo / Extras							
1.1.5. Resgate de aplicação							
1.2. Dela							
1.2.1. Salário / Pró-labore	2.000,00	2.000,00				2.000,00	
1.2.2. 13º salário / Férias							
1.2.3. Comissões							
1.2.4. Ajuda de custo / Extras							
1.2.5. Resgate de aplicação							
Total de entradas	7.000,00	7.000,00				7.000,00	
2.1. Despesas fixas	**3.353,50**	**1.584,00**	**1.478,00**	**225,00**	**50,00**	**3.337,00**	**(16,50)**
2.1.1. Financiamento de imóvel / Aluguel	1.000,00	1.000,00				1.000,00	
2.1.2. Condomínio	355,00		355,00			355,00	
2.1.3. IPTU							
2.1.4. Empregados / Faxineira	222,00	55,50	50,00	50,00	50,00	205,50	(16,50)
2.1.5. Internet / TV a cabo	213,00		213,00			213,00	

Comece a investir

2.1.6. Consórcio / *Leasing* / Financiamento de carro							
2.1.7. Seguro / IPVA / Licenciamento	175,00		175,00		175,00		
2.1.8. Convênio médico / Dentário	507,00	507,00			507,00		
2.1.9. Faculdade / Colégio / Cursos	690,00		690,00		690,00		
2.1.10. Clube / Academia	170,00		170,00		170,00		
2.1.11. Taxa do banco	21,50	21,50			21,50		
2.1.12. Outros							
2.2. Despesas semifixas	**2.380,00**	**578,50**	**935,55**	**481,41**	**276,20**	**2.271,66**	**(108,34)**
2.2.1. Mercado	800,00	194,50	189,10	197,56	215,20	796,36	(3,64)
2.2.2. Água							
2.2.3. Luz	120,00		119,35			119,35	(0,65)
2.2.4. Telefone (fixo e celular)	300,00		207,50	57,20		264,70	(35,30)
2.2.5. Combustível	190,00	98,00		97,00		195,00	5,00
2.2.6. Manutenção da casa							
2.2.7. Manutenção do carro							
2.2.8. Metrô / Ônibus / Táxi	70,00	11,50	15,60	18,50	13,00	58,60	(11,40)
2.2.9. Estacionamento	40,00	12,00		5,00	7,00	24,00	(16,00)
2.2.10. Material escolar	330,00		330,00			330,00	
2.2.11. Livros / Revistas	50,00		51,00			51,00	1,00
2.2.12. Despesas de escritório							
2.2.13. Farmácia	200,00	132,50		42,15		174,65	(25,35)
2.2.14. Cabeleireiro / manicure	180,00	30,00	23,00	64,00	41,00	158,00	(22,00)
2.2.15. Mesada dos filhos	100,00	100,00				100,00	
2.2.16. Outros							
2.3. Despesas variáveis	**205,00**	**37,60**	**77,00**	**42,20**	**32,26**	**189,06**	**(15,94)**
2.3.1. Roupas							
2.3.2. Restaurantes	120,00	37,60		42,20	32,26	112,06	(7,94)
2.3.3. Cinema / Teatro	85,00		77,00			77,00	(8,00)
2.3.4. Viagens							

continua >>>

Orçamento mensal (continuação)

2.3.5. Festas							
2.3.6. Presentes							
2.3.7. Médicos / Dentista / Psicólogo							
2.3.8. Outros (negativo no banco)							
Total de saídas	5.938,50	2.200,10	2.490,55	748,61	358,46	5.797,72	(140,78)
Saldo	1.061,50	4.799,90	(2.490,55)	(748,61)	(358,46)	1.202,28	140,78
3. Investimentos	1.061,50	500,00			650,00	1.150,00	88,50
3.1. Previdência privada					350,00	350,00	350,00
3.2. Imóveis							
3.3. Renda fixa	1.061,50	500,00			300,00	800,00	(261,50)
3.4. Renda variável							
3.5. Outros (zerar negativo)							

Capítulo 8

A importância de diversificar os investimentos

Existem períodos nos quais os investimentos em renda fixa revertem-se em ganhos apreciáveis. Em outros momentos, quando os juros de mercado estiverem mais baixos, somente haverá bons ganhos se você tiver investido também em renda variável. Como se deve investir sempre mirando o longo prazo, recomenda-se uma boa diversificação.

Como dito no Capítulo 7, primeiro pense em uma retaguarda financeira para utilizar em eventuais emergências e invista em CDBs, por exemplo. Porém, caso a meta original já tiver sido alcançada (6 a 12 meses de gastos mensais), como continuar a investir? Será que se devem colocar todos os ovos na mesma cesta?

Recomenda-se iniciar entendendo o perfil do investidor. Pessoas que têm menos receio de arriscar aplicam valores maiores em renda variável do que na renda fixa. Pessoas mais conservadoras tendem a priorizar a renda fixa. Lembre-se de que quanto maior o risco, maior a possibilidade de haver ganhos generosos.

Pensando em médio e longo prazos, uma boa opção atualmente é investir em títulos do governo brasileiro. É possível cadastrar-se facilmente no site do tesouro direto (www.tesouro.fazenda.gov.br) e aplicar diretamente. Há opções com rentabilidade pré-fixada (LTN, NTN-F) e outras com rentabilidade atrelada à SELIC ou ao IPCA (LFT, NTN-B). Estude também se você prefere que a rentabilidade seja reinvestida automaticamente e resgatada somente no final do prazo ou se é mais conveniente recebê-la semestralmente. O recomendável é escolher um prazo de vencimento de acordo com suas necessidades e não sacar o dinheiro aplicado antes dele, pois, ao fazê-lo, você pode não ter a rentabilidade esperada inicialmente. Por que não comprar um pouco de cada título (após escolher a opção desejada) com diferentes prazos de vencimento? Pesquise também os agentes de custódia antes de bater o martelo. Veja qual a taxa cobrada por eles usando o ranking disponibilizado no próprio site do tesouro. Como existem títulos com vencimento em seis meses e também a possibilidade de venda antecipada (embora não seja garantida a mesma rentabilidade prometida até o vencimento), pode-se utilizar essa aplicação para compor parte da sua retaguarda emergencial. Como esse tipo de aplicação é uma das melhores opções disponíveis do mercado atualmente (considerando-se o seu nível de risco e rentabilidade), preparamos um apêndice sobre como investir no Tesouro Direto.

É bom destinar algum dinheiro para investimentos em renda variável também. O conselho se aplica até mesmo aos investidores mais conservadores. Falando em renda variável, a compra de ações é sempre interessante. Seguem algumas dicas importantes na hora de investir em ações:

* dilua os riscos aplicando em carteiras, ao invés de em uma empresa somente;
* pesquise as empresas com maior potencial de valorização de suas ações (há sites específicos para isso) ou consulte um especialista no assunto;
* há opções para investimentos em fundos de ações ou para você investir diretamente na Bovespa (atuando como *home broker*). A vantagem da modalidade *home broker* (você terá que se cadastrar no seu banco ou por uma corretora – maiores detalhes podem ser encontrados no site www.bmfbovespa.com.br) é que as taxas de administração são normalmente menores e os dividendos gerados pela empresas (lucros distribuídos aos sócios) caem diretamente na sua conta-corrente. Por outro lado, se você não tiver tempo ou não entender do assunto, pode escolher a tranquilidade de comprar cotas de fundos de ações de bons bancos. Mas cuidado com as altas taxas administrativas, que podem "engolir" grande parte dos rendimentos;

* pesquise as taxas de administração e carregamento antes de comprar;
* se você já lucrou em decorrência da alta rentabilidade de determinada ação ou fundo, pode ser a hora de vender. Ganância em excesso pode custar caro, pois muitas vezes há um período de baixa logo após um período de grande valorização. Se você estiver pensando no longuíssimo prazo (aposentadoria, por exemplo), pode ignorar esta dica;
* certifique-se de que não precisará do dinheiro em menos de cinco anos, pois talvez o mercado esteja passando por um período de baixa e ter de vender para cumprir um compromisso nesse momento acarrete em prejuízo. Lembre-se: somente perde em ações quem vende na hora da baixa. Se puder esperar um pouco mais, é provável que recupere o seu capital ou até tenha uma boa rentabilidade.

Outro tipo de investimento que pode ser interessante é a compra de moedas fortes, especialmente se você planeja viajar. Se os Estados Unidos forem o destino escolhido, por que não comprar dólares mensalmente até a data da viagem? É verdade que a moeda pode se desvalorizar e você pode perder um pouco, mas e se acontecer o contrário? Há pessoas que se veem obrigadas a adiar uma viagem muito desejada, porque não planejaram bem e ela ficou muito cara. O pior cenário é a possibilidade de valorização da outra moeda durante a sua viagem, especialmente se você não viajou com uma reserva financeira. Não que alguém necessariamente precise comprar dinheiro em espécie, já que existem cartões pré-pagos bem aceitos mundialmente: você carrega nesses cartões o valor em moeda estrangeira antes da viagem. Se o destino for a Europa, pode-se fazer o carregamento em euros. Outra opção seria investir em fundos cambiais.

Investir na compra de imóveis para alugar também é uma opção. Não é recomendado fazê-lo usando todo o seu capital, pois é um investimento de baixa liquidez. Dê preferência a imóveis comerciais, já que é menor o risco de inadimplência. Se a ideia for a locação para fins residenciais, peça garantias e registre (com fotos) a situação do imóvel antes de alugá-lo. Pode-se acrescentar ao contrato de locação a obrigatoriedade de entregar o imóvel nas mesmas condições. Na dúvida, consulte um advogado. Outra ferramenta bem utilizada atualmente é o seguro-fiança, que também oferece uma boa garantia. Uma recomendação importante é adicionar o valor do condomínio (caso se trate de apartamento) ao valor do aluguel, assim você paga diretamente o condomínio, evitando problemas de atraso de pagamento e até processos de cobrança contra você, proprietário. Por fim, pesquise bem antes de encarar esse tipo de investimento, evitando com isso uma perda de capital que poderia ser mais bem remunerado em outra aplicação financeira.

Existem fundos de investimentos DI, RF, multimercados e alavancados que também podem ser uma boa opção de diversificação, mas pesquise as taxas administrativas e a instituição na qual planeja investir. Embora a rentabilidade passada não seja garantia de rentabilidade futura, compare aquela do fundo em que pretende investir com outras opções. Verifique também os períodos de carência para resgate. Leia com atenção o prospecto do fundo antes de investir, principalmente no que diz respeito a garantias e riscos.

Também é possível investir em opções e futuros. Trata-se de aplicações de alto risco recomendadas somente para uma parte pequena do seu capital e das quais se deve lançar mão apenas com a consultoria de especialistas. Os ganhos podem ser altos, mas as perdas também.

Não podemos deixar de mencionar os investimentos em *commodities* (ouro, gado, café etc.). No mundo atual eles estão em alta, mas nem sempre é assim. Pensando no conceito de diversificação, por que não colocar uma porcentagem dos seus investimentos nessa modalidade também?

Recomenda-se o livro *Mercado financeiro: produtos e serviços*, de Eduardo Fortuna, editora Qualitymark, como importante base de consulta para todos os investimentos disponíveis no mercado.

Para finalizar, nunca deixe de sonhar. Planejar os seus investimentos é abrir-se à possibilidade de concretização dos seus sonhos.

Capítulo 9
Administre a sua vida financeira

Agora que você já não é mais um devedor (pelo menos ao banco ou cartão de crédito) e começou a investir, será que seu patrimônio está evoluindo? Ou as dívidas que assumiu são maiores do que o seu patrimônio?

Utilizando conceitos de contabilidade empresarial aplicados às finanças pessoais, algumas tabelas específicas foram desenvolvidas para facilitar o acompanhamento da sua vida financeira de uma forma mais completa.

Embora seja muito importante equacionar sua vida financeira de curto prazo, você pode ter assumido vários financiamentos (carro, casa, empréstimo bancário para quitar o cheque especial ou o cartão de crédito etc.) e estar com o patrimônio comprometido por eles.

É importante entender a sua situação financeira de uma forma mais global e buscar melhorá-la no médio e longo prazos.

A planilha apresentada a seguir pode ser usada para considerar a evolução mensal (tarefa muito trabalhosa, e a situação pode sofrer pouca variação significativa no período), anual (será que não se podem melhorar as coisas em um período menor?), semestral ou até trimestral.

Deve-se considerar sempre o final do período e preencher as lacunas com informações atualizadas. Para os investimentos, coloque o valor líquido, livre de impostos. Para os seus bens, procure informações sobre o seu valor de mercado. Utilize sempre as mesmas ferramentas. Existem sites ou jornais impressos que podem ajudar nesse trabalho.

Para as dívidas, considere sempre o valor do saldo devedor atualizado com os juros embutidos.

Outra opção importante da tabela a seguir é a inclusão de mais colunas para a observação da variação patrimonial em diversos períodos. Por outro lado, podem-se criar várias abas na mesma planilha eletrônica para que, no mesmo arquivo, seja possível verificar a evolução em um período maior.

Evolução do seu patrimônio

Investimentos e disponibilidades	Valor		Quanto aumentou ou diminuiu (3) = (2) − (1)	Variação % (4) = (3) / (1)
	Anterior (1)	Atual (2)		
Saldo em conta-corrente				
Dinheiro em poder				
Poupança				
Tesouro direto				
Ações				
Ouro				
Dólar				
Fundos DI, RF				
Previdência privada				
Outros				
Total				

Bens	Valor		Quanto aumentou ou diminuiu	Variação %
	Anterior	Atual		
Imóveis				
Carros				
Terrenos				
Moto				
Outros				
Total				

Dívidas	Valor		Quanto aumentou ou diminuiu	Variação %
	Anterior	Atual		
Financiamento de imóvel				
Financiamento de carro				
Financiamento bancário				
Cartão de crédito				
Cheque especial				
Crediários				
Outros				
Total				
Seu patrimônio	Valor		Quanto aumentou ou diminuiu	Variação %
	Anterior	Atual		
(Investimentos + Bens - Dívidas)				

O seu patrimônio equivale à soma de todos os seus bens, investimentos e disponibilidades, já deduzidas as suas dívidas. O ideal é que esse valor seja positivo, mas é comum encontrar valores negativos no começo de sua vida financeira independente. Isso ocorre porque você pode estar comprando seu primeiro imóvel ou carro, por exemplo.

Se o seu imóvel desvalorizou-se de um ano para o outro e você tem um novo capital para investir, será que não seria melhor investir em outra coisa? Quais tipos de bens foram valorizados no período passado? O que dizem os especialistas para o novo período? Por que não resgatar dinheiro de uma aplicação e colocar em outra que está oferecendo uma rentabilidade mais interessante (compare a coluna de variação porcentual de alguns períodos antes de decidir)?

Outra possibilidade é retirar o dinheiro de um investimento e quitar um financiamento. Verifique o saldo devedor do financiamento e o saldo disponível do investimento. Se os valores forem próximos, tente negociar com a instituição do financiamento um desconto para a quitação antecipada. Compare os juros que está deixando de pagar com os ganhos obtidos na aplicação. Mas não se esqueça de dispor do valor para a transferência do bem quitado para o seu nome.

Se o saldo da sua conta-corrente está aumentando, não seria melhor investir e ganhar juros com isso? Existem até aplicações automáticas que garantem um pequeno rendimento (inferior ao da poupança), mas ficam atreladas à sua conta. Se precisar de dinheiro apenas para pagar a fatura do cartão de crédito no mês, tais aplicações podem ser uma boa opção. É melhor receber um pequeno montante de juros do que deixar o dinheiro "parado" na conta-corrente. Essas aplicações remuneram pelo menor saldo do período.

Repense os investimentos ou bens que apresentem constantemente variação negativa (coluna da diferença entre o valor atual e o anterior, quando negativa). Faça o mesmo para os investimentos com variação positiva ao longo do tempo. A amortização (pagamentos mensais, por exemplo) da dívida está sendo inferior aos juros cobrados. Deve-se trocar o que não está indo no caminho correto por outras opções (por exemplo, financiamento bancário contra dívida no cartão de crédito).

O mais importante é que, de um período para o outro, seu patrimônio aumente (número positivo maior ou valor negativo diminuindo). Isso mostra que você está no caminho certo para aumentar o patrimônio.

Outras análises horizontais (dentro da mesma categoria) necessárias são: o aumento dos investimentos, o aumento dos bens e o aumento das dívidas.

Também se deve analisar a relação entre esses totais, pois uma diminuição dos investimentos não é necessariamente ruim, já que se pode utilizar parte deles para quitar uma dívida ou comprar um bem. Essas são as chamadas análises verticais, e algumas serão exploradas no Capítulo 10.

Exemplo numérico

Passado mais de um ano do início de utilização do método proposto por este livro, é nítida a evolução financeira do casal utilizado como exemplo. Seguem alguns detalhes e também a aplicação da planilha ensinada neste capítulo:

* a conta-corrente nunca mais ficou negativa, portanto, não houve mais pagamento de juros decorrentes do uso sem critérios do limite do cheque especial;
* iniciou-se a diversificação dos investimentos, mantendo-se um mínimo em poupança e em CDBs para as necessidades de curto prazo.

A aplicação em previdência privada já faz parte da rotina do casal. Investimentos no tesouro direto (LTN) e compra de ações da Petrobras pela modalidade *home broker* finalizaram a atual estratégia de investimento até o início de 2011;

* quanto aos bens, continuou-se pagando o financiamento do imóvel (juros e correção embutidos no cálculo da parcela mensal) e o carro ainda não foi trocado. A ideia agora é juntar um pouco mais para a retaguarda financeira e depois pensar na troca do automóvel;
* quanto às dívidas, sua redução com o passar do tempo foi nítida. Sair do cheque especial e continuar a reduzir o saldo devedor do financiamento imobiliário formam a estratégia bem-sucedida do casal. No final de 2010, também iniciou-se a utilização de cartão de crédito, mas, seguindo os princípios deste livro, não como muleta financeira, mas como forma de pagamento. Quem sabe em uma das próximas férias a família não possa utilizar os pontos do cartão convertidos em milhas aéreas, diárias de hotel e assim por diante?

Em resumo, o patrimônio nesse período de um ano foi aumentado em mais de R$ 43 mil, o que pode ser considerado um grande feito, tendo em vista o histórico recente e também o nível de rendimento do casal. Um dos grandes impactos positivos foi a valorização do imóvel comprado há muitos anos.

No Capítulo 10 serão calculados vários indíces financeiros, mas pode-se adiantar que um crescimento de 25% no patrimônio em período de um ano é um resultado surpreendente. Segue cálculo de tal índice:

$$\% \text{ aumento} = \frac{43.363,65}{171.110,50} \star 100 = 25\%$$

A planilha detalhada do período encontra-se na página a seguir.

Evolução do seu patrimônio

Investimentos e disponibilidades	Valor			Quanto aumentou ou diminuiu
	Jan. 2010	Jul. 2010	Jan. 2011	
Saldo em conta-corrente	(500,00)	154,68	145,32	645,32
Dinheiro em poder	80,00	105,00	97,00	17,00
Poupança	1.052,00	572,45	594,64	(457,36)
Tesouro direto		852,50	1.552,30	1.552,30
CDB		1.533,15	1.624,74	1.624,74
Ações			1.000,00	1.000,00
Previdência privada		1.415,60	3.910,15	3.910,15
Outros				
Total	632,00	4.633,38	8.924,15	8.292,15

Bens	Valor			Quanto aumentou ou diminuiu
	Jan. 2010	Jul. 2010	Jan. 2011	
Imóveis	200.000,00	225.000,00	225.000,00	25.000,00
Carros	26.000,00	25.200,00	24.800,00	(1.200,00)
Outros				
Total	226.000,00	250.200,00	249.800,00	23.800,00

Dívidas	Valor			Quanto aumentou ou diminuiu
	Jan. 2010	Jul. 2010	Jan. 2011	
Financiamento de imóvel	55.000,00	49.000,00	43.000,00	(12.000,00)
Financiamento de carro				
Financiamento bancário				
Cartão de crédito			1.250,00	1.250,00
Cheque especial	521,50			(521,50)
Crediários				
Outros				
Total	55.521,50	49.000,00	44.250,00	(11.271,50)

Seu patrimônio	Valor			Quanto aumentou ou diminuiu
	Jan. 2010	Jul. 2010	Jan. 2011	
(Investimentos + Bens - Dívidas)	171.110,50	205.833,38	214.474,15	43.363,65

Capítulo 10

Cálculo de índices financeiros pessoais

Aumentar o patrimônio já é um grande feito, especialmente se você saiu da condição de devedor. Mas como sempre devemos tentar evoluir na vida, por que não buscar outras alternativas financeiras?

Serão explorados neste capítulo alguns índices de análise vertical que mostram as correlações entre patrimônio, dívida e ativos.

Liquidez

Um importante conceito é o de liquidez. Liquidez refere-se à disponibilidade de capital para honrar seus compromissos. Vamos explorar, a seguir, o conceito de liquidez geral.[6] Os seus ativos (bens + investimentos) são quantas vezes maiores que as suas dívidas (passivo)? Quanto maior a diferença, mais segurança você terá para honrar os seus compromissos. Muitas empresas analisam o crédito de potenciais clientes utilizando o princípio de liquidez (corrente, seca ou total).

Liquidez geral = (bens + investimentos) / dívidas

---

[6] Também conhecida como liquidez financeira.

Recomenda-se que você calcule esse índice toda vez que atualizar a sua situação patrimonial. Verifique se a sua liquidez está aumentando. Se não estiver, veja o que mais pode ser feito. Idealmente, esse índice nunca deve ficar abaixo de 1, pois isso significaria que você não tem condições de honrar todas as suas dívidas em vista da atual situação dos seus bens e investimentos. A única exceção razoável seria se essa situação ocorresse no início da sua vida econômica ou quando um financiamento de grande valor estiver envolvido (por exemplo, a compra de um apartamento).

Endividamento

Outro índice muito utilizado na avaliação de empresas e que pode ser usado para as finanças pessoais é a relação dívida sobre patrimônio, ou índice de endividamento. A ideia desse índice é demonstrar quanto do seu patrimônio está comprometido com dívidas.

Endividamento total = dívidas / patrimônio

Analise esse índice, assim como o de liquidez, frequentemente. Variações importantes desse índice são a análise de endividamento de longo prazo (melhor) e a de curto prazo (pior).

Endividamento de longo prazo = financiamentos / patrimônio

Endividamento de curto prazo = outras dívidas de curto prazo / patrimônio

Para finalizar a discussão sobre endividamento, por que não analisar quanto do seu endividamento é de curto prazo e quanto é de longo prazo? Em empresas, tentamos converter dívidas de curto prazo em dívidas de longo prazo (ou quitá-las), e seria recomendável fazer o mesmo em sua vida pessoal. Uma grande vantagem no endividamento de longo prazo é que, normalmente, os juros são menores do que os praticados quando a dívida é de curto prazo.

Curto prazo = endividamento de curto prazo / endividamento total

Longo prazo = endividamento de longo prazo / endividamento total

Exemplo numérico

Utilizando-se o mesmo exemplo numérico do Capítulo 9, foram calculados os índices explicados neste capítulo. A seguir, apresentamos um gráfico da evolução e comentários:

$$\text{Liquidez geral (jan./2010)} = \frac{632,00 + 226.000,00}{55.521,50} = 4,08$$

$$\text{Liquidez geral (jul./2010)} = \frac{4.633,38 + 250.200,00}{49.000,00} = 5,20$$

$$\text{Liquidez geral (jan./2011)} = \frac{8.924,15 + 249.800,00}{44.250,00} = 5,85$$

Liquidez geral

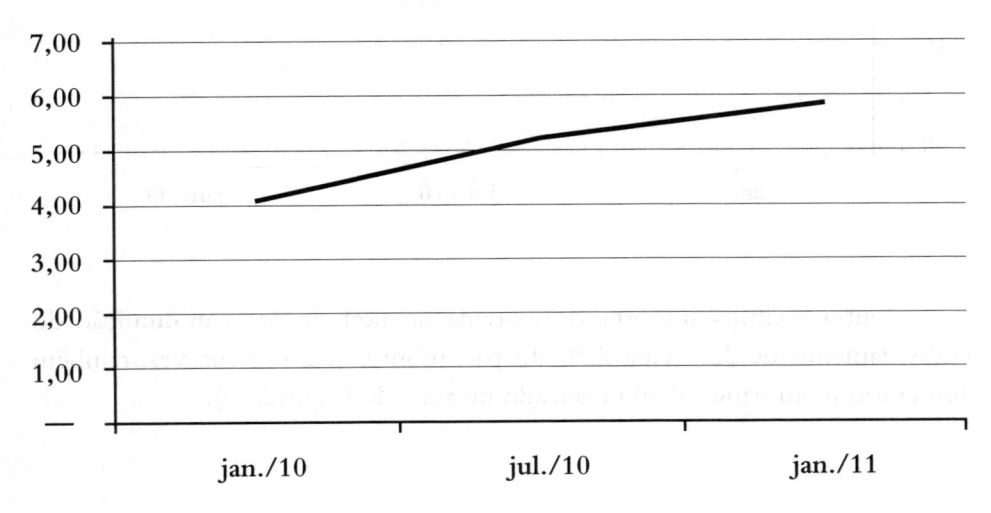

A capacidade do casal de pagar as suas dívidas melhorou nesse período de um ano, embora já houvesse R$ 4,08 para honrar cada R$ 1,00 de dívida no início do período.

$$\text{Endividamento total (jan./2010)} = \frac{55.521,50}{171.110,50} = 32\%$$

$$\text{Endividamento total (jul./2010)} = \frac{49.000,00}{205.833,38} = 24\%$$

$$\text{Endividamento total (jan./2011)} = \frac{44.250,00}{214.474,15} = 21\%$$

Endividamento total

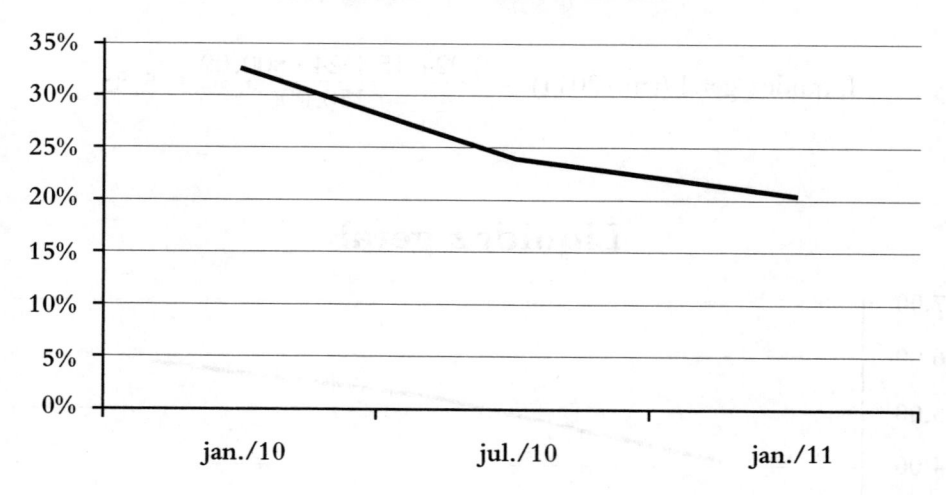

Outra melhora importante ocorrida no período foi a diminuição do endividamento de 32% para 21% do patrimônio, que, por sua vez, também aumentou (conforme cálculo realizado no final do Capítulo 9).

$$\text{Endividamento de longo prazo (jan./2010)} = \frac{55.000,00}{171.110,50} = 32\%$$

$$\text{Endividamento de longo prazo (jul./2010)} = \frac{49.000,00}{205.833,38} = 24\%$$

$$\text{Endividamento de longo prazo (jan./2011)} = \frac{43.000,00}{214.474,15} = 20\%$$

Endividamento de longo prazo

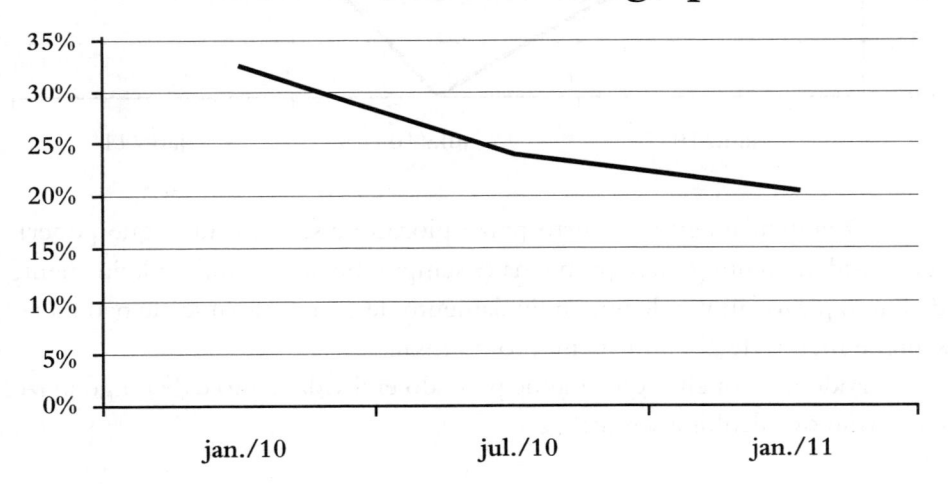

O endividamento de longo prazo seguiu a mesma tendência do endividamento total e também foi reduzido de 32% para 20% no período.

$$\text{Endividamento de curto prazo (jan./2010)} = \frac{521,50}{171.110,50} = 0,3\%$$

$$\text{Endividamento de curto prazo (jul./2010)} = \frac{0}{205.833,38} = 0,0\%$$

$$\text{Endividamento de curto prazo (jan./2011)} = \frac{1.250,00}{214.474,15} = 0,6\%$$

Endividamento de curto prazo

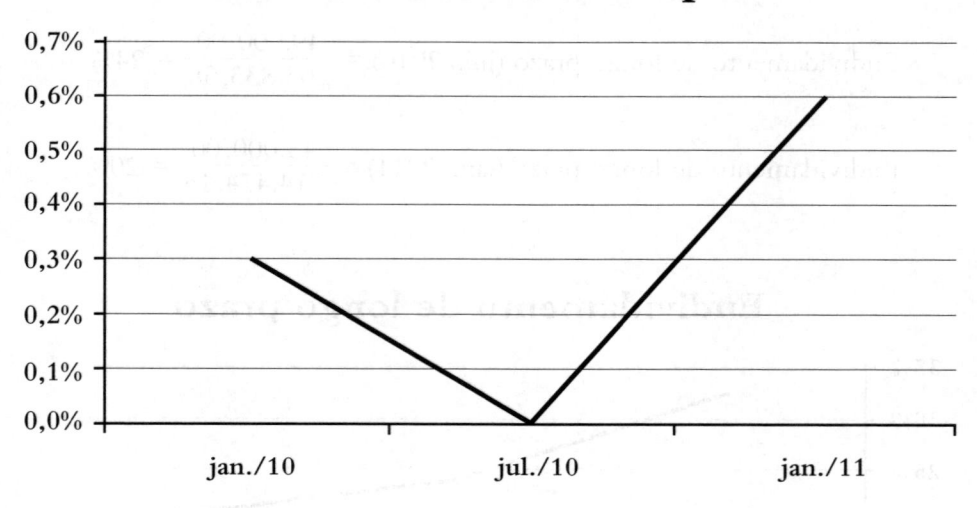

O endividamento de curto prazo piorou nesse período, o que poderia ser considerado um grande problema (é sempre melhor ter um endividamento de longo prazo em vez de um endividamento de curto prazo) se ele não representasse menos de 1% do patrimônio do casal.

Podemos concluir que grande parte do endividamento é de longo prazo, conforme os cálculos a seguir:

$$\text{Curto prazo (jan./2011)} = \frac{0,6\%}{21\%} = 2,8\%$$

$$\text{Longo prazo (jan./2011)} = \frac{20,0\%}{21\%} = 97,2\%$$

Como análise final do exemplo numérico, pode-se afirmar que a vida financeira do casal melhorou muito no período apresentado.

. . . .

Esperamos que este livro tenha sido útil para ajudá-lo a tomar controle total da sua vida financeira. Esse processo é contínuo e deve se tornar parte da sua vida. Constatar a nossa evolução financeira é realmente prazeroso e mostra que foi vantajoso investir tempo e esforços na adoção desse método.

Persista e busque uma melhora contínua dos seus índices financeiros, mas não deixe de "curtir" a sua vida. Viver é uma grande dádiva. Busque observar as coisas boas em todas as situações, por pior que possam parecer.

Tenha uma vida longa, feliz e rica.

Apêndice

Passo a passo para aplicação no Tesouro Direto

Os títulos do governo brasileiro são considerados por muitos especialistas em aplicações financeiras a melhor opção atualmente (2012). Por isso, incluímos no livro este apêndice, que explica como aplicar na compra desses títulos.

A primeira providência para adquirir os títulos é se cadastrar em algum dos bancos ou corretoras habilitados no Tesouro Direto (agentes de custódia). Para isso, você deve entrar em contato com a instituição escolhida, fornecer as informações solicitadas e enviar a documentação exigida. Alguns agentes de custódia permitem o cadastramento on-line diretamente no site do tesouro direto. Em seguida, você receberá uma senha no endereço eletrônico informado em seu cadastro, sendo integralmente responsável pelo uso e manutenção do seu sigilo.

Você pode efetuar suas compras de três formas distintas:

★ Diretamente no site do Tesouro Direto. Com a sua senha individual, você acessa uma tela específica na área restrita do site e negocia seus títulos públicos;

★ Por meio de um agente de custódia, autorizado por você a negociar títulos públicos em seu nome no site do Tesouro Direto. Essa opção é ideal para quem não tem acesso à internet ou, por algum motivo, não deseja comprar pessoalmente;

* Diretamente no site do agente de custódia. Alguns bancos e corretoras habilitados integraram seus sites ao do Tesouro Direto. Isso significa que você pode negociar seus títulos públicos no site da própria instituição financeira, em tempo real e com os mesmos preços e taxas do próprio site do Tesouro Direto. Todavia, essa opção está disponível somente em algumas corretoras e bancos.

Títulos disponíveis para compra

O sistema mostrará uma tela com as taxas de juros dos títulos disponíveis para compra.

Uma das principais vantagens do Tesouro Direto é que ele oferece ao investidor a possibilidade de montar sua carteira de aplicações de acordo com os seus objetivos, adequando prazos de vencimento e indexadores às suas necessidades. Os títulos públicos adquiridos no Tesouro Direto são considerados ativos de renda fixa porque o rendimento pode ser dimensionado no momento da aplicação, ao contrário dos ativos de renda variável (ações etc.), cujo retorno não pode ser estimado no instante da aplicação. Face à menor volatilidade dos ativos de renda fixa, esse tipo de investimento é considerado mais conservador do que os ativos de renda variável, ou seja, o risco envolvido é menor.

Entretanto, não é porque são considerados ativos de renda fixa que os preços e taxas dos títulos públicos do Tesouro Direto não apresentem variação ao longo do tempo. Os títulos públicos são marcados a mercado, portanto, o extrato/saldo do investidor reflete o preço de mercado dos títulos. Desta forma, havendo queda nos preços negociados, o saldo do investidor igualmente cairá. Por outro lado, se houver valorização do título, o saldo do investidor se elevará.

O Tesouro Nacional não pode afirmar se o investidor terá ganho ou perda financeira no caso de venda antecipada, pois isso depende das condições de mercado na referida data. Entretanto, se o investidor "carregar" os títulos de sua carteira até a data de vencimento, receberá o valor correspondente à rentabilidade bruta pactuada no momento da compra.

Entre os títulos públicos ofertados, o investidor deve escolher aqueles cujas características sejam compatíveis com o seu perfil. Há títulos de curto, médio e longo prazo, indexados a índices de inflação, à taxa Selic ou prefixados. A seguir, explicamos as características dos títulos, as vantagens e os riscos envolvidos.

LTN: Letras do Tesouro Nacional

Por se tratar de título prefixado, o investidor tem a exata noção do retorno do título se carregá-lo até a data de vencimento.

Vantagens:
* O investidor sabe exatamente qual a rentabilidade a ser recebida na data de vencimento;
* O investidor sabe exatamente o valor bruto a ser recebido por unidade de título na data de vencimento (R$ 1 mil):
* Têm fluxo simples: uma aplicação e um resgate;
* Maior disponibilidade de vencimentos para a negociação no Tesouro Direto;
* Indicadas para o investidor que acredita que a taxa prefixada será maior que a taxa de juros básica da economia.

Desvantagens:
* Rendimento nominal. O investidor está sujeito a perda de poder aquisitivo em caso de alta da inflação;
* O investidor que não conseguir "carregar" o título até o vencimento pode ter rentabilidade maior ou menor do que a acordada.

Perfil do investidor:
* menos conservador.

NTN-F: Notas do Tesouro Nacional – Série F

Como nas LTN, o investidor sabe exatamente o retorno do título se carregá-lo até a data de vencimento. Entretanto, no caso das NTN-F, o investidor recebe um fluxo de cupons semestrais de juros, o que possibilita aumento de liquidez e reinvestimentos.

>Vantagens:
>* O investidor sabe exatamente a rentabilidade a ser recebida na data de vencimento;
>* O investidor sabe exatamente o valor bruto a ser recebido por unidade de título na data de vencimento (igual ao aplicado);
>* Indicadas para o investidor que deseja obter um fluxo de rendimentos periódicos (cupons semestrais) a uma taxa de juros predefinida;
>* Igualmente indicadas para o investidor que acredita que a taxa prefixada será maior que a taxa de juros básica da economia.

>Desvantagens:
>* Rendimento nominal. O investidor está sujeito a perda de poder aquisitivo em caso de alta da inflação e da taxa de juros;
>* O investidor que não conseguir "carregar" o título até o vencimento pode ter rentabilidade maior ou menor do que a acordada;
>* Dificuldade para reaplicar os juros recebidos semestralmente.

>Perfil do investidor:
>* menos conservador.

NTN-B: Notas do Tesouro Nacional – Série B

Permitem ao investidor obter rentabilidade em termos reais, protegendo-se da elevação do IPCA (Índice Nacional de Preços ao Consumidor Amplo). Além disso, o investidor recebe um fluxo de cupons semestrais de juros, o que aumenta a liquidez, possibilitando reinvestimentos.

>Vantagens:
>* Proporcionam rentabilidade real;
>* Indicadas para o investidor que deseja obter um fluxo de rendimentos periódicos (cupons semestrais);

* Igualmente indicadas para o investidor que deseja uma rentabilidade pós-fixada indexada ao IPCA;
* Por fim, indicadas para o investidor que deseja fazer poupança de médio e longo prazos, planejando sua retaguarda financeira para futura aposentadoria, compra de casa própria e outros.

Desvantagens:
* Preço do título flutua em função da expectativa de inflação dos agentes financeiros. O investidor que não conseguir "carregar" o título até o vencimento pode ter rentabilidade maior ou menor do que a acordada;
* Dificuldade para reaplicar os juros recebidos semestralmente.

Perfil do investidor:
* conservador.

NTN-B Principal

Permitem ao investidor obter rentabilidade em termos reais, protegendo-se da elevação do IPCA. Não paga cupom semestralmente.

Vantagens:
* Proporcionam rentabilidade real;
* Indicadas para o investidor que deseja uma rentabilidade pós-fixada indexada ao IPCA;
* Igualmente indicadas para o investidor que deseja fazer poupança de médio e longo prazos, planejando sua retaguarda financeira para futura aposentadoria, compra de casa própria etc;
* Oferecem mais conforto ao investidor, pois exclui a preocupação e o trabalho necessários ao reinvestimento, além de reduzir o custo de transação;
* Sua formação de preços é simplificada, com metodologia de cálculo mais fácil para o investidor em relação às NTN-B, que pagam cupom de juros semestral.

Desvantagens:
* Preço do título flutua em função da expectativa de inflação dos agentes financeiros. O investidor que não conseguir "carregar" o título até o vencimento pode ter rentabilidade maior ou menor do que a acordada.

Perfil do investidor:
* conservador.

LFT: Letras Financeiras do Tesouro

Vantagens:
* Indicadas para o investidor que deseja uma rentabilidade pós-fixada indexada à taxa de juros da economia (Selic);
* Fluxo simples: uma aplicação e um resgate.

Desvantagens:
* Preço do título flutua em função da expectativa de taxa de juros dos agentes financeiros.

Perfil do investidor:
* mais conservador.

As compras de títulos realizadas no Tesouro Direto estão sujeitas ao pagamento de taxas de serviço. São três as taxas cobradas. No momento da compra do título, é cobrada uma taxa de negociação de 0,10% sobre o valor da operação. Há também uma taxa de custódia da BM&F BOVESPA de 0,30% ao ano sobre o valor dos títulos, referente aos serviços de guarda dos títulos e às informações e movimentações dos saldos. Essa taxa é cobrada semestralmente, no primeiro dia útil de janeiro e de julho, ou na ocorrência de um evento de custódia (pagamento de juros, venda ou vencimento do título), o que ocorrer primeiro. É cobrada proporcionalmente ao período em que o investidor mantiver o título, sendo calculada até o saldo de R$ 1,5 milhão por conta de custódia. No caso em que, no semestre, a soma do valor da taxa de custódia da BM&F BOVESPA e da taxa do agente de custódia for inferior a R$ 10,00, o valor das taxas será acumulado para a cobrança no semestre seguinte, no primeiro dia útil de janeiro ou de julho, ou na ocorrência de um evento de custódia (pagamento de juros, venda ou vencimento do título), o que ocorrer primeiro.

Os agentes de custódia também cobram taxas de serviços livremente acordadas com os investidores. Elas estão disponíveis para consulta no site do Tesouro Direto. O investidor deve confirmá-las no momento da contratação.

Assim, no momento da operação de compra o investidor pagará o valor da transação (preço unitário do título vezes a quantidade adquirida), mais 0,10% sobre o valor dessa transação (taxa de negociação BM&F BOVESPA), mais a taxa do agente de custódia referente ao primeiro ano de custódia. Caso o título tenha prazo de vencimento inferior a um ano, a taxa do agente de custódia será proporcional ao prazo do título. A taxa de custódia da BM&F BOVESPA (0,3% ao ano) será provisionada diariamente a partir da liquidação da operação de compra (D+2).

As compras efetuadas antes de 6 de abril de 2009 continuam com a regra anterior de cobrança das taxas, ou seja, na venda, no pagamento de juros ou no encerramento da posição do investidor. Porém, a partir dessa data, o investidor também será beneficiado com a redução da taxa utilizada no cálculo diário sobre compras feitas há mais de um ano, que passa de 0,40% para 0,30% ao ano.

Para adquirir títulos públicos no site do Tesouro Direto, o investidor deve acessar o ambiente de negociações do próprio Tesouro Direto ou o endereço eletrônico do seu agente de custódia integrado, observar os títulos públicos disponíveis (características, vencimentos, preços e taxas) e montar a sua carteira. Basta escolher os títulos e confirmar a compra. Após a confirmação da compra, não há como cancelar a negociação.

O pagamento das compras será efetuado pelo agente de custódia e, para isso, o investidor deverá possuir recursos suficientes, no valor total da operação, junto a esse agente, de acordo com os prazos e regras definidos por este último e comunicados previamente ao investidor. O investidor, por sua vez, deverá entrar em contato com o seu agente de custódia para ser informado dos dados da conta na qual deve disponibilizar os recursos.

Em 1º de outubro de 2004, passou a vigorar a conta investimento, criada pela Lei nº 10.892, de 13 de julho de 2004, com o intuito de permitir ao poupador remanejar suas aplicações financeiras sem que houvesse incidência da CPMF. De acordo com a lei, todas as aplicações financeiras em instrumentos de renda fixa deveriam ser realizadas obrigatoriamente com recursos da conta investimento. A incidência da CPMF somente ocorria se houvesse débito de recursos da conta-corrente do investidor para crédito na conta investimento. Com a extinção da CPMF, não existe mais nenhuma diferença entre a conta-corrente e a conta investimento.

O agente de custódia cadastra somente uma das contas (corrente ou investimento) para as transações necessárias às operações com o Tesouro Direto. É por intermédio dessa conta que os recursos são captados e depositados.

Caso os recursos não estejam disponíveis na conta do agente de custódia até a data-limite, o investidor será considerado inadimplente e suspenso das compras de títulos no Tesouro Direto, conforme o disposto no Regulamento do Tesouro Direto.

Os impostos cobrados sobre as operações realizadas no Tesouro Direto são os mesmos que incidem sobre as operações de renda fixa, ou seja, imposto de renda de pessoa física sobre os rendimentos dos títulos e, nos investimentos de prazo inferior a 30 dias, IOF.

A Lei nº 11.033, de 21 de dezembro de 2004, alterou a tributação incidente sobre as operações do mercado financeiro e de capitais, incluindo as alíquotas de imposto de renda na fonte incidentes sobre os rendimentos do Tesouro Direto. De acordo com a redação legal, as alíquotas válidas a partir de 1º de janeiro de 2005 são as seguintes:

* 22,5% (vinte e dois inteiros e cinco décimos por cento), em aplicações com prazo de até 180 (cento e oitenta) dias;
* 20% (vinte por cento), em aplicações com prazo de 181 (cento e oitenta e um) dias até 360 (trezentos e sessenta) dias;
* 17,5% (dezessete inteiros e cinco décimos por cento), em aplicações com prazo de 361 (trezentos e sessenta e um) dias até 720 (setecentos e vinte) dias;
* 15% (quinze por cento), em aplicações com prazo acima de 720 (setecentos e vinte) dias.

No caso de aplicações existentes em 31 de dezembro de 2004:
* os rendimentos produzidos até essa data serão tributados à alíquota de 20% sobre o ganho de capital;
* em relação aos rendimentos produzidos em 2005, os prazos a que se referem as alíquotas decrescentes serão contados a partir:
   a) de 1º de julho de 2004, no caso de aplicação efetuada até 22/12/2004; e
   b) da data da aplicação, no caso de aplicação efetuada após 22/12/2004.

Com relação aos cupons de juros das Notas do Tesouro Nacional, serão aplicadas as alíquotas do imposto de renda previstas. O prazo é contado a partir da data de início da aplicação.

O recolhimento dos impostos devidos é responsabilidade do agente de custódia. Há incidência de impostos sobre os recursos financeiros referentes a recompra, juros ou resgate dos títulos.

Para mais detalhes, acesse o Manual do Investidor no endereço http://www.tesouro.fazenda.gov.br/tesouro_direto/manual_index.asp.

Referências bibliográficas

BALISH, Chris. *How to live well without owning a car*: save money, breathe easier, and get more mileage out of life. Berkeley: Ten Speed Press, 2006.

CERBASI, Gustavo Petrasunas. *Casais inteligentes enriquecem juntos*. São Paulo: Gente, 2004.

CZAPSKI, Ricardo. *Planejamento financeiro pessoal*. São Paulo: Universidade Falada, 2008. Audiolivro.

DANA, Samy; PIRES, Marcos Cordeiro. *10x sem juros*. São Paulo: Saraiva, 2008.

DAVIDSON, Jeff. *The joy of simple living*. Rodale Press, 1999.

FORTUNA, Eduardo. *Mercado financeiro*: produtos e serviços. 18. ed. São Paulo: Qualitymark, 2010.

HALFELD, Mauro. *Investimentos*. São Paulo: Fundamento, 2007.

_____. *Patrimônio*: para você ganhar mais e viver melhor. São Paulo: Globo, 2009.

KIYOSAKI, Robert T.; LECHTER, Sharon L. *Pai rico, pai pobre*. Rio de Janeiro: Campus, 2000.

MANDINO, Og. *Segredos para o sucesso e a felicidade*. São Paulo: Record, 1997.

MARION, José Carlos. *Análise das demonstrações contábeis*. 7. ed. São Paulo: Atlas, 2012.

MATARAZZO, Dante Carmine. *Análise financeira de balanços*. 7. ed. São Paulo: Atlas, 2010.

SOHSTEN, Carlos von. *Como cuidar bem do seu dinheiro*. São Paulo: Qualitymark, 2004.

STEAMER, James. *Wealth on Minimal Wage*. Berkley, 1998.